AF891711

Hinter den Tabellen befindet sich ein ausführliches Verzeichnis der

Guttentagschen Sammlung

Deutscher Reichs- und Preußischer Gesetze

— Textausgaben mit Anmerkungen; Taschenformat —

die alle wichtigeren Gesetze in unbedingt zuverlässigem Abdruck und mit mustergültiger Erläuterung wiedergibt.

Gebührentabellen

zur Deutschen Gebührenordnung für Rechtsanwälte, zur Preußischen Gebührenordnung für Rechtsanwälte und zum Deutschen Gerichtskostengesetze.

Berechnet von **O. Krieg**, Landgerichtsrat.

Sonderabdruck aus Sydow-Busch-Krieg, Deutsche Gebührenordnung für Rechtsanwälte. 12. Aufl. 1922.
(Guttentagsche Sammlung Deutscher Reichsgesetze Nr. 17.)

Berlin und Leipzig 1922
Vereinigung wissenschaftlicher Verleger
Walter de Gruyter & Co.
vormals G. J. Göschen'sche Verlagshandlung — J. Guttentag, Verlagsbuchhandlung — Georg Reimer — Karl J. Trübner — Veit & Comp.

Verzeichnis der Tabellen.

Tabellen zur Deutschen Gebührenordnung.

A. Bürgerliche Rechtsstreitigkeiten über vermögensrechtliche Ansprüche und Konkurssachen.

Mit den Zuschlägen der Gesetze vom 18./12. 19 und 8./7. 21 sowie der VO. vom 9./2. 22.

$^{10}/_{10}$ = DGO. § 13 Nr. 1—3 (Prozeß-, Verhandlungs-, Vergleichsgebühr), § 16 Abs. 1 Satz 2 (einseitige Verhandlung des Klägers im Eheprozesse usw.), § 16 Abs. 2 (Verhandlung im vorbereitenden Verfahren), § 19 (Urkundenprozeß mit kontradiktorischer Verhandlung), § 28 (Arrestverfahren), § 37 Abs. 3 (verglichenes Sühneverfahren), § 17 Nr. 1 EntlVO. (übergeleitetes Mahnverfahren).

$^{2}/_{10}$ = DGO. §§ 24, 51, 54, 57, EntlVO. § 17 Nr. 3 (Widerspruch im Mahnverfahren, wenn sich die Tätigkeit des Rechtsanwalts nicht auf dieses beschränkt).

$^{3}/_{10}$ = DGO. §§ 23, 37 Abs. 1, §§ 39, 40, 41, 47 Abs. 1, § 58.

$^{4}/_{10}$ = DGO. § 55.

$^{5}/_{10}$ = DGO. § 13 Nr. 4 (Beweisgebühr), §§ 14, 17 (weitere Verhandlungsgebühr), §§ 20—22, 27 Abs. 2, §§ 28, 39, 42—46, 47 Abs. 2, § 54.

$^{6}/_{10}$ = DGO. § 19 (Prozeßgebühr im Urkundenprozeß ohne kontradiktorische Verhandlung), § 55.

Höhere Instanzen. Hier ist nur die $^{10}/_{10}$ Gebühr nebst Pauschsatz angegeben. Erforderlich werdende Bruchteile sind für Gebühr und Pauschsatz getrennt aus den angegebenen Zahlen zu berechnen.

Die Tabelle gilt nicht:

a) für das **reine Mahnverfahren.** Hierfür Tabelle B;

b) für **nichtvermögensrechtliche Ansprüche** bis 20000 M. Hierfür Tabelle C;

c) für **nichtkontradiktorische Verhandlungen** in allen Instanzen. Hierfür gilt bei vermögensrechtlichen Ansprüchen Tabelle B, bei nichtvermögensrechtlichen Ansprüchen Tabelle C.

Wertsklassen				1. Volle Gebühr nebst Pauschsatz				2. Bruchteile	
				1. Instanz		2. u. 3. Instanz		$^2/_{10}$	
Nr.	Streitwert			Gebühr	Pauschsatz	Gebühr	Pauschsatz	Gebühr	Pauschsatz
1	2			3	4	5	6	7	8
	über ℳ		einschl. ℳ	ℳ	ℳ	ℳ	ℳ	ℳ	ℳ
1		bis	20	3.90	*2.40*	4.80	*3.00*	1.50	*2.40*
2	20	,,	60	5.90	*3.60*	7.20	*4.50*	1.50	*2.40*
3	60	,,	120	8.40	*5.10*	10.20	*6.30*	1.70	*2.40*
4	120	,,	200	14.70	*9.00*	17.90	*10.80*	3.00	*2.40*
5	200	,,	300	24.00	*14.40*	28.50	*17.10*	4.80	*3.00*
6	300	,,	450	33.60	*20.40*	39.90	*24.00*	6.80	*4.20*
7	450	,,	650	45.60	*27.60*	54.20	*32.70*	9.20	*5.70*
8	650	,,	900	64.80	*39.00*	75.60	*45.60*	13.00	*7.80*
9	900	,,	1200	75.60	*45.60*	88.20	*53.10*	15.20	*9.30*
10	1200	,,	1600	86.40	*51.90*	100.80	*60.60*	17.30	*10.50*
11	1600	,,	2100	97.20	*58.50*	113.40	*68.10*	19.50	*11.70*
12	2100	,,	2700	108.00	*64.80*	126.00	*75.60*	21.60	*13.20*
13	2700	,,	3400	118.80	*71.40*	138.60	*83.40*	23.80	*14.40*
14	3400	,,	4300	144.00	*86.40*	165.60	*99.60*	28.80	*17.40*
15	4300	,,	5400	156.00	*93.60*	179.40	*107.70*	31.20	*18.90*
16	5400	,,	6700	168.00	*100.80*	193.20	*118.10*	33.60	*20.40*
17	6700	,,	8200	180.00	*108.00*	207.00	*124.20*	36.00	*21.60*
18	8200	,,	10000	224.00	*115.20*	257.60	*132.60*	44.80	*23.10*
19	10000	,,	12000	238.00	*122.40*	273.70	*141.00*	47.60	*24.60*
20	12000	,,	14000	252.00	*129.60*	289.80	*149.10*	50.40	*26.10*
21	14000	,,	16000	266.00	*136.80*	305.90	*157.50*	53.20	*27.60*
22	16000	,,	18000	280.00	*144.00*	322.00	*165.60*	56.00	*28.80*
23	18000	,,	20000	294.00	*151.20*	338.10	*174.00*	58.80	*30.30*
24	20000	,,	22000	352.00	*158.40*	404.80	*182.40*	70.40	*31.80*
25	22000	,,	24000	368.00	*165.60*	423.20	*190.50*	73.60	*33.30*
26	24000	,,	26000	384.00	*172.80*	441.60	*198.90*	76.80	*34.80*
27	26000	,,	28000	400.00	*180.00*	460.00	*207.00*	80.00	*36.00*

Vgl. die Bemerkungen vor der Tabelle.

der erstinstanzlichen Gebühr nebst Pauschsatz.

3/10 *)		4/10		5/10		6/10	
Gebühr	Pauschsatz	Gebühr	Pauschsatz	Gebühr	Pauschsatz	Gebühr	Pauschsatz
9	10	11	12	13	14	15	16
M	*M*	*M*	*M*	*M*	*M*	*M*	*M*
1.50	2.40	1.60	2.40	2.00	2.40	2.40	2.40
1.80	2.40	2.40	2.40	3.00	2.40	3.60	2.40
2.60	2.40	3.40	2.40	4.20	2.70	5.10	3.30
4.50	2.70	5.90	3.60	7.40	4.50	8.90	5.40
7.20	4.50	9.60	6.00	12.00	7.20	14,40	8.70
10.10	6.30	13.50	8.10	16.80	10.20	20.20	13.20
13.70	8.40	18.30	11.10	22.80	13.80	27.40	16.50
19.50	11.70	26.00	15.60	32.40	19.50	38.90	23.40
22.70	13.80	30.30	18.30	37.80	22.80	45.40	27.30
26.00	15.60	34.60	21.00	43.20	26.10	51.90	31.20
29.20	17.70	38.90	23.40	48.60	29.40	58.40	35.10
32.40	19.50	43.20	26.10	54.00	32.40	64.80	39.00
35.70	21.60	47.60	28.80	59.40	35.70	71.30	42.90
43.20	26.10	57.60	34.80	72.00	43.20	86.40	51.90
46.80	28.20	62.40	37.50	78.00	46.80	93.60	56.40
50.40	30.30	67.20	40.50	84.00	50.40	100.80	60.60
54.00	32.40	72.00	43.20	90.00	54.00	108.00	64.80
67.20	34.80	89.60	46.20	112.00	57.60	134.40	69.30
71.40	36.90	95.20	49.20	119.00	61.20	142.80	73.50
75.60	39.00	100.80	51.90	126.00	64.80	151.20	78.00
79.80	41.10	106.40	54.90	133.00	68.40	159.60	82.20
84.00	43.20	112.00	57.60	140.00	72.00	168.00	86.40
88.20	45.60	117.60	60.60	147.00	75.60	176.40	90.90
105.60	47.70	140.80	63.60	176.00	79.20	211.20	95.10
110.40	49.80	147.20	66.30	184.00	82.80	220.80	99.60
115.20	51.90	153.60	69.30	192.00	86.40	230.40	103.80
120.00	54.00	160.00	72.00	200.00	90.00	240.00	108.00

*) Mindestpauschsatz in der Zwangsvollstreckung 9 M.

Wertsklassen		1. Volle Gebühr nebst Pauschsatz				2. Bruchteile	
		1. Instanz		2. u. 3. Instanz		2/10	
Nr.	Streitwert	Gebühr	Pauschsatz	Gebühr	Pauschsatz	Gebühr	Pauschsatz
1	2	3	4	5	6	7	8
	über ℳ einschl. ℳ	ℳ	ℳ	ℳ	ℳ	ℳ	ℳ
28	28000 bis 30000	416.00	*187.20*	478.40	*215.40*	83.20	*37.50*
29	30000 „ 32000	432.00	*194.40*	496.80	*223.80*	86.40	*39.00*
30	32000 „ 34000	448.00	*201.60*	515.20	*231.90*	89.60	*40.50*
31	34000 „ 36000	464.00	*208.80*	533.60	*240.30*	92.80	*42.00*
32	36000 „ 38000	480.00	*216.00*	552.00	*248.40*	96.00	*43.20*
33	38000 „ 40000	496.00	*223.20*	570.40	*256.80*	99.20	*44.70*
34	40000 „ 42000	512.00	*230.40*	588.80	*265.20*	102.40	*46.20*
35	42000 „ 44000	528.00	*237.60*	607.20	*273.30*	105.60	*47.70*
36	44000 „ 46000	544.00	*244.80*	625.60	*281.70*	108.80	*49.20*
37	46000 „ 48000	560.00	*252.00*	644.00	*289.80*	112.00	*50.40*
38	48000 „ 50000	576.00	*259.20*	662.40	*298.20*	115.20	*51.90*
39	50000 „ 52000	588.00	*264.60*	676.20	*304.50*	117.60	*53.10*
40	52000 „ 54000	600.00	*270.00*	690.00	*310.50*	120.00	*54.00*
41	54000 „ 56000	612.00	*275.40*	703.80	*316.80*	122.40	*55.20*
42	56000 „ 58000	624.00	*280.80*	717.60	*323.10*	124.80	*56.40*
43	58000 „ 60000	636.00	*286.20*	731.40	*329.40*	127.20	*57.30*
44	60000 „ 62000	648.00	*291.60*	745.20	*335.40*	129.60	*58.50*
45	62000 „ 64000	660.00	*297.00*	759.00	*341.70*	132.00	*59.40*
46	64000 „ 66000	672.00	*302.40*	772.80	*348.00*	134.40	*60 60*
47	66000 „ 68000	684.00	*307.80*	786.60	*354.00*	136.80	*61.80*
48	68000 „ 70000	696.00	*313.20*	800.40	*360.30*	139.20	*62.70*
49	70000 „ 72000	708.00	*318.60*	814.20	*366.60*	141.60	*63.90*
50	72000 „ 74000	720.00	*324.00*	828.00	*372.60*	144.00	*64.80*
51	74000 „ 76000	732.00	*329.40*	841.80	*378.90*	146.40	*66.00*
52	76000 „ 78000	744.00	*334.80*	855.60	*385.20*	148.80	*67.20*
53	78000 „ 80000	756.00	*340.20*	869.40	*391.50*	151.20	*68.10*
54	80000 „ 82000	768.00	*345.60*	883.20	*397.50*	153.60	*69.30*

Vgl. die Bemerkungen vor der Tabelle.

der erstinstanzlichen Gebühr nebst Pauschsatz

3/10		4/10		5/10		6/10	
Gebühr	Pausch-satz	Gebühr	Pausch-satz	Gebühr	Pausch-satz	Gebühr	Pausch-satz
9	10	11	12	13	14	15	16
ℳ	ℳ	ℳ	ℳ	ℳ	ℳ	ℳ	ℳ
124.80	*56.40*	166.40	*75.00*	208.00	*93.60*	249.60	*112.50*
129.60	*58.50*	172.80	*78.00*	216.00	*97.20*	259.20	*116.70*
134.40	*60.60*	179.20	*80.70*	224.00	*100.80*	268.80	*121.20*
139.20	*62.70*	185.60	*83.70*	232.00	*104.40*	278.40	*125.40*
144.00	*64.80*	192.00	*86.40*	240.00	*108.00*	288.00	*129.60*
148.80	*67.20*	198.40	*89.40*	248.00	*111.60*	297.60	*134.10*
153.60	*69.30*	204.80	*92.40*	256.00	*115.20*	307.20	*138.30*
158.40	*71.40*	211.20	*95.10*	264.00	*118.80*	316.80	*142.80*
163.20	*73.50*	217.60	*98.10*	272.00	*122.40*	326.40	*147.00*
168.00	*75.60*	224.00	*100.80*	280.00	*126.00*	336.00	*151.20*
172.80	*78.00*	230.40	*103.80*	288.00	*129.60*	345.60	*155.70*
176.40	*79.50*	235.20	*105.90*	294.00	*132.30*	352.80	*159.00*
180.00	*81.00*	240.00	*108.00*	300.00	*135.00*	360.00	*162.00*
183.60	*82.80*	244.80	*110.40*	306.00	*137.70*	367.20	*165.30*
187.20	*84.30*	249.60	*112.50*	312.00	*140.40*	374.40	*168.60*
190.80	*86.10*	254.40	*114.60*	318.00	*143.10*	381.60	*171.90*
194.40	*87.60*	259.20	*116.70*	324.00	*145.80*	388.80	*175.20*
198.00	*89.10*	264.00	*118.80*	330.00	*148.50*	396.00	*178.20*
201.60	*90.90*	268.80	*121.20*	336.00	*151.20*	403.20	*181.50*
205.20	*92.40*	273.60	*123.30*	342.00	*153.90*	410.40	*184.80*
208.80	*94.20*	278.40	*125.40*	348.00	*156.60*	417.60	*188.10*
212.40	*95.70*	283.20	*127.50*	354.00	*159.30*	424.80	*191.40*
216.00	*97.20*	288.00	*129.60*	360.00	*162.00*	432.00	*194.40*
219.60	*99.00*	292.80	*132.00*	366.00	*164.70*	439.20	*197.70*
223.20	*100.50*	297.60	*134.10*	372.00	*167.40*	446.40	*201.00*
226.80	*102.30*	302.40	*136.20*	378.00	*170.10*	453.60	*204.30*
230.40	*103.80*	307.20	*138.30*	384.00	*172.80*	460.80	*207.60*

Wertsklassen		1. Volle Gebühr nebst Pauschsatz				2. Bruchteile	
		1. Instanz		2. u. 3. Instanz		2/10	
Nr.	Streitwert	Gebühr	Pauschsatz	Gebühr	Pauschsatz	Gebühr	Pauschsatz
1	2	3	4	5	6	7	8
	über ℳ einschl. ℳ	ℳ	ℳ	ℳ	ℳ	ℳ	ℳ
55	82000 bis 84000	780.00	*351.00*	897.00	403.80	156.00	70.20
56	84000 ,, 86000	792.00	*356.40*	910.80	410.10	158.40	71.40
57	86000 ,, 88000	804.00	*361.80*	924.60	416.10	160 80	72.60
58	88000 ,, 90000	816.00	*367.20*	938.40	422.40	163.20	73.50
59	90000 ,, 92000	828.00	*372.60*	952.20	428.70	165.60	74.70
60	92000 ,, 94000	840.00	*378.00*	966.00	434.70	168.00	75.60
61	94000 ,, 96000	852.00	*383.40*	979.80	441.00	170.40	76.80
62	96000 ,, 98000	864.00	*388.80*	993.60	447.30	172.80	78.00
63	98000 ,, 100000	876.00	*394.20*	1007.40	453.60	175.20	78.90
64	100000 ,, 102000	884.00	*397.80*	1016.60	457.50	176.80	79.80
65	102000 ,, 104000	892.00	*401.40*	1025.80	461.70	178.40	80.40
66	104000 ,, 106000	900.00	*405.00*	1035.00	465.90	180.00	81.00
67	106000 ,, 108000	908.00	*408.60*	1044.20	470.10	181.60	81.90
68	108000 ,, 110000	916.00	*412.20*	1053.40	474.30	183.20	82.50
69	110000 ,, 112000	924.00	*415.80*	1062.60	478.20	184.80	83.40
70	112000 ,, 114000	932.00	*419.40*	1071.80	482.40	186.40	84.00
71	114000 ,, 116000	940.00	*423.00*	1081.00	486.60	188.00	84.60
72	116000 ,, 118000	948.00	*426.60*	1090.20	490.80	189.60	85.50
73	118000 ,, 120000	956.00	*430.20*	1099.40	495.00	191.20	86.10
74	120000 ,, 122000	964.00	*433.80*	1108.60	498.90	192.80	87.00
75	122000 ,, 124000	972.00	*437.40*	1117.80	503.10	194.40	87.60
76	124000 ,, 126000	980.00	*441.00*	1127.00	507.30	196.00	88.20
77	126000 ,, 128000	988.00	*444.60*	1136.20	511.50	197.60	89.10
78	128000 ,, 130000	996.00	*448.20*	1145.40	515.70	199.20	89.70
79	130000 ,, 132000	1004.00	*451.80*	1154.60	519.60	200.80	90.60
80	132000 ,, 134000	1012.00	*455.40*	1163.80	523.80	202.40	91.20
81	134000 ,, 136000	1020.00	*459.00*	1173.00	528.00	204.00	91.80

Vgl. die Bemerkungen vor der Tabelle.

der erstinstanzlichen Gebühr nebst Pauschsatz

3/10		4/10		5/10		6/10	
Gebühr	Pausch-satz	Gebühr	Pausch-satz	Gebühr	Pausch-satz	Gebühr	Pausch-satz
9	10	11	12	13	14	15	16
ℳ	ℳ	ℳ	ℳ	ℳ	ℳ	ℳ	ℳ
234.00	*105.30*	312.00	*140.40*	390.00	*175.50*	468.00	*210.60*
237.60	*107.10*	316.80	*142.80*	396.00	*178.20*	475.20	*213.90*
241.20	*108.60*	321.60	*144.90*	402.00	*180.90*	482.40	*217.20*
244.80	*110.40*	326.40	*147.00*	408.00	*183.60*	489.60	*220.50*
248.40	*111.90*	331.20	*149.10*	414.00	*186.30*	496.80	*223.80*
252.00	*113.40*	336.00	*151.20*	420.00	*189.00*	504.00	*226.80*
255.60	*115.20*	340.80	*153.60*	426.00	*191.70*	511.20	*230.10*
259.20	*116.70*	345.60	*155.70*	432.00	*194.40*	518.40	*233.40*
262.80	*118.50*	350.40	*157.80*	438.00	*197.10*	525.60	*235.70*
265.20	*119.40*	353.60	*159.30*	442.00	*198.90*	530.40	*238.80*
267.60	*120.60*	356.80	*160.80*	446.00	*200.70*	535.20	*240.90*
270.00	*121.50*	360.00	*162.00*	450.00	*202.50*	540.00	*243.00*
272.40	*122.70*	363.20	*163.50*	454.00	*204.30*	544.80	*245.40*
274.80	*123.90*	366.40	*165.00*	458.00	*206.10*	549.60	*247.50*
277.20	*124.80*	369.60	*166.50*	462.00	*207.90*	554.40	*249.60*
279.60	*126.00*	372.80	*168.00*	466.00	*209.70*	559.20	*251.70*
282.00	*126.90*	376.00	*169.20*	470.00	*211.50*	564.00	*253.80*
284.40	*128.10*	379.20	*170.70*	474.00	*213.30*	568.80	*256.20*
286.80	*129.30*	382.40	*172.20*	478.00	*215.10*	573.60	*258.30*
289.20	*130.20*	385.60	*173.70*	482.00	*216.90*	578.40	*260.40*
291.60	*131.40*	388.80	*175.20*	486.00	*218.70*	583.20	*262.50*
294.00	*132.30*	392.00	*176.40*	490.00	*220.50*	588.00	*264.60*
296.40	*133.50*	395.20	*177.90*	494 00	*222.30*	592.80	*267.00*
298.80	*134.70*	398.40	*179.40*	498.00	*224.10*	597.60	*269.10*
301.20	*135.60*	401.60	*180.90*	502.00	*225.90*	602.40	*271.20*
303.60	*136.80*	404.80	*182.40*	506.00	*227.70*	607.20	*273.30*
306.00	*137.70*	408.00	*183.60*	510.00	*229.50*	612.00	*275.40*

Wertsklassen				1. Volle Gebühr nebst Pauschsatz				2. Bruchteile	
				1. Instanz		2. u. 3. Instanz		$^2/_{10}$	
Nr.	Streitwert			Gebühr	Pausch-satz	Gebühr	Pausch-satz	Gebühr	Pausch-satz
1	2			3	4	5	6	7	8
	über M		einschl. M	M	M	M	M	M	M
82	136000	bis	138000	1028.00	*462.60*	1182.20	*532.20*	205.60	*92.70*
83	138000	,,	140000	1036.00	*466.20*	1191.40	*536.40*	207.20	*93.30*
84	140000	,,	142000	1044.00	*469.80*	1200.60	*540.30*	208.80	*94.20*
85	142000	,,	144000	1052,00	*473.40*	1209.80	*544.50*	210.40	*94.80*
86	144000	,,	146000	1060.00	*477.00*	1219.00	*548.70*	212.00	*95.40*
87	146000	,,	148000	1068.00	*480.60*	1228.20	*552.90*	213.60	*96.30*
88	148000	,,	150000	1076.00	*484.20*	1237.40	*557.10*	215.20	*96.90*
89	150000	,,	152000	1084.00	*487.80*	1246.60	*561.00*	216.80	*97.80*
90	152000	,,	154000	1092.00	*491.40*	1255.80	*565.20*	218.40	*98.40*
91	154000	,,	156000	1100.00	*495.00*	1265.00	*569.40*	220.00	*99.00*
92	156000	,,	158000	1108.00	*498.60*	1274.20	*573.60*	221.60	*99.90*
93	158000	,,	160000	1116.00	*502.20*	1283.40	*577.80*	223.20	*100.50*
94	160000	,,	162000	1124.00	*505.80*	1292.60	*581.70*	224.80	*101.40*
95	162000	,,	164000	1132.00	*509.40*	1301.80	*585.90*	226.40	*102.00*
96	164000	,,	166000	1140.00	*513.00*	1311.00	*590.10*	228.00	*102.60*
97	166000	,,	168000	1148.00	*516.60*	1320.20	*594.30*	229.60	*103.50*
98	168000	,,	170000	1156.00	*520.20*	1329.40	*598.50*	231.20	*104.10*
99	170000	,,	172000	1164.00	*523.80*	1338.60	*602.40*	232.80	*105.00*
100	172000	,,	174000	1172.00	*527.40*	1347.80	*606.60*	234.40	*105.60*
101	174000	,,	176000	1180.00	*531.00*	1357.00	*610.80*	236.00	*106.20*
102	176000	,,	178000	1188.00	*534.60*	1366.20	*615.00*	237.60	*107.10*
103	178000	,,	180000	1196.00	*538.20*	1375.40	*619.20*	239.20	*107.70*
104	180000	,,	182000	1204.00	*541.80*	1384.60	*623.10*	240.80	*108.60*
105	182000	,,	184000	1212.00	*545.40*	1393.80	*627.30*	242.40	*109.20*
106	184000	,,	186000	1220.00	*549.00*	1403.00	*631.50*	244.00	*109.80*
107	186000	,,	188000	1228.00	*552.60*	1412.20	*635.70*	245.60	*110.70*
108	188000	,,	190000	1236.00	*556.20*	1421.40	*639.90*	247.20	*111.30*

Vgl. die Bemerkungen vor der Tabelle.

der erstinstanzlichen Gebühr nebst Pauschsatz

3/10		4/10		5/10		6/10	
Gebühr	Pausch-satz	Gebühr	Pausch-satz	Gebühr	Pausch-satz	Gebühr	Pausch-satz
9	10	11	12	13	14	15	16
M	M	M	M	M	M	M	M
308.40	*138.90*	411.20	*185.10*	514.00	*231.30*	616.80	*277.80*
310.80	*140.10*	414.40	*186.60*	518.00	*233.10*	621.60	*279.90*
313.20	*141.00*	417.60	*188.10*	522.00	*234.90*	626.40	*282.00*
315.60	*142.20*	420.80	*189.60*	526.00	*236.70*	631.20	*284.10*
318.00	*143.10*	424.00	*190.80*	530.00	*238.50*	636.00	*286.20*
320.40	*144.30*	427.20	*192.30*	534.00	*240.30*	640.80	*288.60*
322.80	*145.50*	430.40	*193.80*	538.00	*242.10*	645.60	*290.70*
325.20	*146.40*	433.60	*195.30*	542.00	*243.90*	650.40	*292.80*
327.60	*147.60*	436.80	*196.80*	546.00	*245.70*	655.20	*294.90*
330.00	*148.50*	440.00	*198.00*	550.00	*247.50*	660.00	*297.00*
332.40	*149.70*	443.20	*199.50*	554.00	*249.30*	664.80	*299.40*
334.80	*150.90*	446.40	*201.00*	558.00	*251.10*	669.60	*301.50*
337.20	*151.80*	449.60	*202.50*	562.00	*252.90*	674.40	*303.60*
339.60	*153.00*	452.80	*204.00*	566.00	*254.70*	679.20	*305.70*
342.00	*153.90*	456.00	*205.20*	570.00	*256.50*	684.00	*308.10*
344.40	*155.10*	459.20	*206.70*	574.00	*258.30*	688.80	*310.20*
346.80	*156.30*	462.40	*208.20*	578.00	*260.10*	693.60	*312.30*
349.20	*157.20*	465.60	*209.70*	582.00	*261.90*	698.40	*314.40*
351.60	*158.40*	468.80	*211.20*	586.00	*263.70*	703.20	*316.50*
354.00	*159.30*	472.00	*212.40*	590.00	*265.50*	708.00	*318.60*
356.40	*160.50*	475.20	*213.90*	594.00	*267.30*	712.80	*321.00*
358.80	*161.70*	478.40	*215.40*	598.00	*269.10*	717.60	*323.10*
361.20	*162.60*	481.60	*216.90*	602.00	*270.90*	722.40	*325.20*
363.60	*163.80*	484.80	*218.40*	606.00	*272.70*	727.20	*327.30*
366.00	*164.70*	488.00	*219.60*	610.00	*274.50*	732.00	*329.40*
368.40	*165.90*	491.20	*221.10*	614.00	*276.30*	736.80	*331.80*
370.80	*167.10*	494.40	*222.60*	618.00	*278.10*	741.60	*333.90*

Wertsklassen		1. Volle Gebühr nebst Pauschsatz				2. Bruchteile	
		1. Instanz		2. u. 3. Instanz		2/10	
Nr.	Streitwert	Gebühr	Pausch-satz	Gebühr	Pausch-satz	Gebühr	Pausch-satz
1	2	3	4	5	6	7	8
	über M einschl. M	M	M	M	M	M	M
109	190000 bis 192000	1244.00	*559.80*	1430.60	*643.80*	248.80	*112.20*
110	192000 „ 194000	1252.00	*563.40*	1439.80	*648.00*	250.40	*112.80*
111	194000 „ 196000	1260.00	*567.00*	1449.00	*652.20*	252.00	*113.40*
112	196000 „ 198000	1268.00	*570.60*	1458.20	*656.40*	253.60	*114.30*
113	198000 „ 200000	1276,00	*574.20*	1467.40	*660.60*	255.20	*114.90*
	usw. v. 2000 zu 2000 M. steigend um . . . . . mithin	8.00	*3.60*	9.20	*3.90* oder *4.20*	1.60	*0.60* oder *0.90*
163	298000 bis 300000	1676.00	*754.20*	1927.40	*810.00*	335.20	*150.90*
213	398000 „ 400000	2076.00	*810.00*	2387.40	Höchst-pausch-satz	415.20	*186.90*
263	498000 „ 500000	2476.00	Höchst-pausch-satz	2847.40		495.20	*222.90*
313	598000 „ 600000	2876.00		3307.40		575.20	*258.90*
363	698000 „ 700000	3276.00		3767.40		655.20	*294.90*
413	798000 „ 800000	3676.00		4227.40		735.20	*330.90*
463	898000 „ 900000	4076.00		4687.40		815.20	*366.90*
513	998000 „ 1000000	4476.00		5147.40		895.20	*402.90*

Vgl. die Bemerkungen vor der Tabelle.

der erstinstanzlichen Gebühr nebst Pauschsatz

$^{3}/_{10}$		$^{4}/_{10}$		$^{5}/_{10}$		$^{6}/_{10}$	
Gebühr	Pausch-satz	Gebühr	Pausch-satz	Gebühr	Pausch-satz	Gebühr	Pausch-satz
9	10	11	12	13	14	15	16
ℳ	ℳ	ℳ	ℳ	ℳ	ℳ	ℳ	ℳ
373.20	*168.00*	497.60	*224.10*	622.00	*279.90*	746.40	*336.00*
375.60	*169.20*	500.80	*225.60*	626.00	*281.70*	751.20	*338.10*
378.00	*170.10*	504.00	*226.80*	630.00	*283.50*	756.00	*340.20*
380.40	*171.30*	507.20	*228.30*	634.00	*285.30*	760.80	*342.60*
382.80	*172.50*	510.40	*229.80*	638.00	*287.10*	765.60	*344.70*
2.40	*0.90* oder *1.20*	3.20	*1.20* oder *1.50*	4.00	*1.80*	4.80	*2.10* oder *2.40*
502.80	*226.50*	670.40	*301.80*	838.00	*377.10*	1005.60	*452.70*
622.80	*280.50*	830.40	*373.80*	1038.00	*467.10*	1245.60	*560.70*
742.80	*334.50*	990.40	*445.80*	1238.00	*557.10*	1485.60	*668.70*
862.80	*388.50*	1150.40	*517.80*	1438.00	*647.10*	1725.60	*776.70*
982.80	*442.50*	1310.40	*589.80*	1638.00	*737.10*	1965.60	*810.00*
1102.80	*496.50*	1470.40	*661.80*	1838.00	*810.00*	2205.60	Höchst-pausch-satz
1222.80	*550.50*	1630.40	*733.80*	2038.00	Höchst-pausch-satz	2445.60	
1342.80	*604.50*	1790.40	*805.80*	2238.00		2685.60	

B. Nichtkontradiktorische Verhandlung und Mahnverfahren.

Mit den Zuschlägen des Gesetzes vom 8./7. 21 sowie der VO. vom 9./2. 22.

Für nichtkontradiktorische Verhandlungen und das Mahnverfahren, sofern sich die Tätigkeit des Anwalts auf letzteres beschränkt, gelten die Teuerungszuschläge des § 1 RGes. vom 18./12. 19 (RGBl. 2115) nicht. Danach ist die folgende Tabelle aufgestellt:

$^{10}/_{10}$ = Zahlungsbefehl.
$^{5}/_{10}$ = Vollstreckungsbefehl und nichtkontradiktorische Verhandlung im gewöhnlichen Prozesse.
$^{2}/_{10}$ = Widerspruch gegen Zahlungsbefehl.
$^{6}/_{10}$ = Urkundenzahlungsbefehl.
$^{3}/_{10}$ = Urkundenvollstreckungsbefehl und nichtkontradiktorische Verhandlung im Urkundenprozesse.
$^{12}/_{100}$ = Widerspruch gegen Urkundenzahlungsbefehl.

Höhere Instanzen. Hier ist nur die $^{5}/_{10}$ Gebühr der nichtkontradiktorischen Verhandlung im gewöhnlichen Prozesse angegeben. Sofern einmal im Urkundenprozesse in höherer Instanz nichtkontradiktorisch verhandelt wird, sind $^{3}/_{10}$ Gebühr fällig. Gebühr und Pauschsatz sind dann getrennt aus den angegebenen Sätzen von $^{5}/_{10}$ Gebühr und Pauschsatz zu berechnen; sie betragen davon je 60%.

Die Tabelle gilt nicht:

a) für das **Mahnverfahren**, sofern der **Anwalt im nachfolgenden Rechtsstreit tätig** wird. Hierfür gilt Tabelle A. Ausnahme: Die Gebühr für den Vollstreckungsbefehl ist stets aus Tabelle B zu entnehmen;

b) für nicht kontradiktorische Verhandlungen bei **nichtvermögensrechtlichen Ansprüchen** bis 20000 M. Hierfür gilt Tabelle C.

Wertsklassen		1. Nichtkontradiktorische Verhandlung				2. Mahn-	
		$^{5}/_{10}$ in 2. Instanz		$^{5}/_{10}$ in 3. Instanz		$^{10}/_{10}$	
Nr.	Streitwert	Gebühr	Pauschsatz	Gebühr	Pauschsatz	Gebühr	Pauschsatz
1	2	3	4	5	6	7	8
	bis einschl. M	M	M	M	M	M	M
1	20	2.00	*2.40*	2.30	*2.40*	3.00	*2.40*
2	60	3.00	*2.40*	3.40	*2.40*	4.50	*2.70*
3	120	3.90	*2.40*	4.50	*2.70*	6.00	*3.60*
4	200	6.90	*4.20*	7.90	*4.80*	10.50	*6.30*
5	300	9.80	*6.00*	11.30	*6.90*	15.00	*9.00*
6	450	13.70	*8.40*	15.80	*9.60*	21.00	*12.60*
7	650	18.60	*11.40*	21.40	*12.90*	28.50	*17.10*
8	900	23.40	*14.10*	27.00	*16.20*	36.00	*21.60*
9	1200	27.30	*16.50*	31.50	*18.90*	42.00	*25.20*
10	1600	31.20	*18.90*	36.00	*21.60*	48.00	*28.80*
11	2100	35.10	*21.30*	40.50	*24.30*	54.00	*32.40*
12	2700	39.00	*23.40*	45.00	*27.00*	60.00	*36.00*
13	3400	42.90	*25.80*	49.50	*29.70*	66.00	*39.60*
14	4300	46.80	*28.20*	54.00	*32.40*	72.00	*43.20*
15	5400	50.70	*30.60*	58.50	*35.10*	78.00	*46.80*
16	6700	54.60	*33.00*	63.00	*37.80*	84.00	*50.40*
17	8200	58.50	*35.10*	67.50	*40.50*	90.00	*54.00*
18	10000	72.80	*37.50*	84.00	*43.20*	112.00	*57.60*
19	12000	77.40	*39.90*	89.30	*45.90*	119.00	*61.20*
20	14000	81.90	*42.30*	94.50	*48.60*	126.00	*64.80*
21	16000	86.50	*44.70*	99.80	*51.30*	133.00	*68.40*
22	18000	91.00	*46.80*	105.00	*54.00*	140.00	*72.00*
23	20000	95.60	*49.20*	110.30	*56.70*	147.00	*75.60*
24	22000	114.40	*51.60*	132.00	*59.40*	176.00	*79.20*
25	24000	119.60	*54.00*	138.00	*62.10*	184.00	*82.80*
26	26000	124.80	*56.40*	144.00	*64.80*	192.00	*86.40*
27	28000	130.00	*58.50*	150.00	*67.50*	200.00	*90.00*

Vgl. die Bemerkungen vor der Tabelle.

verfahren und nichtkontradiktorische Verhandlung in erster Instanz

$^{5}/_{10}$		$^{2}/_{10}$		$^{6}/_{10}$		$^{3}/_{10}$		$^{12}/_{100}$	
Gebühr	Pauschsatz	Gebühr	Pauschsatz	Gebühr	Pauschsatz	Gebühr	Pauschsatz	Gebühr	Pauschsatz
9	10	11	12	13	14	15	16	17	18
ℳ	ℳ	ℳ	ℳ	ℳ	ℳ	ℳ	ℳ	ℳ	ℳ
1.50	*2.40*	1.50	*2.40*	1.80	*2.40*	1.50	*2.40*	1.50	*2.40*
2.30	*2.40*	1.50	*2.40*	2.70	*2.40*	1.50	*2.40*	1.50	*2.40*
3.00	*2.40*	1.50	*2.40*	3.60	*2.40*	1.80	*2.10*	1.50	*2.40*
5.30	*3.30*	2.10	*2.40*	6.30	*3.90*	3.20	*2.40*	1.50	*2.40*
7.50	*4.50*	3.00	*2.40*	9.00	*5.40*	4.50	*2.70*	1.80	*2.40*
10.50	*6.30*	4.20	*2.70*	12.60	*7.80*	6.30	*3.90*	2.60	*2.40*
14.30	*8.70*	5.70	*3.60*	17.10	*10.50*	8.60	*5.40*	3.50	*2.40*
18.00	*10.80*	7.20	*4.50*	21.60	*13.20*	10.80	*6.60*	4.40	*2.70*
21.00	*12.60*	8.40	*5.10*	25.20	*15.30*	12.60	*7.80*	5.10	*3.30*
24.00	*14.40*	9.60	*6.00*	28.80	*17.40*	14.40	*8.70*	5.80	*3.60*
27.00	*16.20*	10.80	*6.60*	32.40	*19.50*	16.20	*9.90*	6.50	*3.90*
30.00	*18.00*	12.00	*7.20*	36.00	*21.60*	18.00	*10.80*	7.20	*4.50*
33.00	*19.80*	13.20	*8.10*	39.60	*24.00*	19.80	*12.00*	8.00	*4.80*
36.00	*21.60*	14.40	*8.70*	43.20	*26.10*	21.60	*13.20*	8.70	*5.40*
39.00	*23.40*	15.60	*9.60*	46.80	*28.20*	23.40	*14.10*	9.40	*5.70*
42.00	*25.20*	16.80	*10.20*	50.40	*30.30*	25.20	*15.30*	10.10	*6.30*
45.00	*27.00*	18.00	*10.80*	54.00	*32.40*	27.00	*16.20*	10.80	*6.60*
56.00	*28.80*	22.40	*11.70*	67.20	*34.80*	33.60	*17.40*	13.50	*7.20*
59.50	*30.60*	23.80	*12.30*	71.40	*36.90*	35.70	*18.60*	14.30	*7.50*
63.00	*32.40*	25.20	*13.20*	75.60	*39.00*	37.80	*19.50*	15.20	*7.80*
66.50	*34.20*	26.60	*13.80*	79.80	*41.10*	39.90	*20.70*	16.00	*8.40*
70.00	*36.00*	28.00	*14.40*	84.00	*43.20*	42.00	*21.60*	16.80	*8.70*
73.50	*37.80*	29.40	*15.30*	88.20	*45.60*	44.10	*22.80*	17.70	*9.30*
88.00	*39.60*	35.20	*15.90*	105.60	*47.70*	52.80	*24.00*	21.20	*9.60*
92.00	*41.40*	36.80	*16.80*	110.40	*49.80*	55.20	*24.90*	22.10	*10.20*
96.00	*43.20*	38.40	*17.40*	115.20	*51.90*	57.60	*26.10*	23.10	*10.50*
100.00	*45.00*	40.00	*18.00*	120.00	*54.00*	60.00	*27.00*	24.00	*10.80*

Wertsklassen		1. Nichtkontradiktorische Verhandlung				2. Mahn-	
		5/10 in 2. Instanz		5/10 in 3. Instanz		10/10	
Nr.	Streitwert	Gebühr	Pauschsatz	Gebühr	Pauschsatz	Gebühr	Pauschsatz
1	2	3	4	5	6	7	8
	bis einschl. M	M	M	M	M	M	M
28	30000	135.20	60.90	156.00	70.20	208.00	93.60
29	32000	140.40	63.30	162.00	72.90	216.00	97.20
30	34000	145.60	65.70	168.00	75.60	224.00	100.80
31	36000	150.80	68.10	174.00	78.30	232.00	104.40
32	38000	156.00	70.20	180.00	81.00	240.00	108.00
33	40000	161.20	72.60	186.00	83.70	248.00	111.60
34	42000	166.40	75.00	192.00	86.40	256.00	115.20
35	44000	171.60	77.40	198.00	89.10	264.00	118.80
36	46000	176.80	79.80	204.00	91.80	272.00	122.40
37	48000	182.00	81.90	210.00	94.50	280.00	126.00
38	50000	187.20	84.30	216.00	97.20	288.00	129.60
39	52000	191.10	86.10	220.50	99.30	294.00	132.30
40	54000	195.00	87.90	225.00	101.40	300.00	135.00
41	56000	198.90	89.70	229.50	103.50	306.00	137.70
42	58000	202.80	91.50	234.00	105.30	312.00	140.40
43	60000	206.70	93.30	238.50	107.40	318.00	143.10
44	62000	210.60	94.80	243.00	109.50	324.00	145.80
45	64000	214.50	96.60	247.50	111.60	330.00	148.50
46	66000	218.40	98.40	252.00	113.40	336.00	151.20
47	68000	222.30	100.20	256.50	115.50	342.00	153.90
48	70000	226.20	102.00	261.00	117.60	348.00	156.60
49	72000	230.10	103.80	265.50	119.70	354.00	159.30
50	74000	234.00	105.30	270.00	121.50	360.00	162.00
51	76000	237.90	107.10	274.50	123.60	366.00	164.70
52	78000	241.80	108.90	279.00	125.70	372.00	167.40
53	80000	245.70	110.70	283.50	127.80	378.00	170.10
54	82000	249.60	112.50	288.00	129.60	384.00	172.80

Vgl. die Bemerkungen vor der Tabelle.

verfahren und nichtkontradiktorische Verhandlung in erster Instanz

5/10		2/10		6/10		3/10		12/100	
Gebühr	Pauschsatz	Gebühr	Pauschsatz	Gebühr	Pauschsatz	Gebühr	Pauschsatz	Gebühr	Pauschsatz
9	10	11	12	13	14	15	16	17	18
ℳ	ℳ	ℳ	ℳ	ℳ	ℳ	ℳ	ℳ	ℳ	ℳ
104.00	*46.80*	41.60	*18.90*	124.80	*56.40*	62.40	*28.20*	25.00	*11.40*
108.00	*48.60*	43.20	*19.50*	129.60	*58.50*	64.80	*29.40*	26.00	*11.70*
112.00	*50.40*	44.80	*20.40*	134.40	*60.60*	67.20	*30.30*	26.90	*12.30*
116.00	*52.20*	46.40	*21.00*	139.20	*62.70*	69.60	*31.50*	27.90	*12.60*
120.00	*54.00*	48.00	*21.60*	144.00	*64.80*	72.00	*32.40*	28.80	*13.20*
124.00	*55.80*	49.60	*22.50*	148.80	*67.20*	74.40	*33.60*	29.80	*13.50*
128.00	*57.60*	51.20	*23.10*	153.60	*69.30*	76.80	*34.80*	30.80	*14.10*
132.00	*59.40*	52.80	*24.00*	158.40	*71.40*	79.20	*35.70*	31.70	*14.40*
136.00	*61.20*	54.40	*24.60*	163.20	*73.50*	81.60	*36.90*	32.70	*14.70*
140.00	*63.00*	56.00	*25.20*	168.00	*75.60*	84 00	*37.80*	33.60	*15.30*
144.00	*64.80*	57.60	*26.10*	172.80	*78.00*	86.40	*39.00*	34.60	*15.60*
147.00	*66.30*	58.80	*26.70*	176.40	*79.50*	88.20	*39.90*	35.30	*15.90*
150.00	*67.50*	60.00	*27.00*	180.00	*81.00*	90.00	*40.50*	36.00	*16.20*
153.00	*69.00*	61.20	*27.60*	183.60	*82.80*	91.80	*41.40*	36.80	*16.80*
156.00	*70.20*	62.40	*28.20*	187.20	*84.30*	93.60	*42.30*	37.50	*17.10*
159.00	*71.70*	63.60	*28.80*	190.80	*86.10*	95.40	*43.20*	38.20	*17.40*
162.00	*72.90*	64.80	*29.40*	194.40	*87.60*	97.20	*43.80*	38.90	*17.70*
165.00	*74.40*	66.00	*29.70*	198.00	*89.10*	99.00	*44.70*	39.70	*18.00*
168.00	*75.60*	67.20	*30.30*	201.60	*90.90*	100.80	*45.60*	40.40	*18.30*
171.00	*77.10*	68.40	*30.90*	205.20	*92.40*	102.60	*46.20*	41.10	*18.60*
174.00	*78.30*	69.60	*31.50*	208.80	*94.20*	104.40	*47.10*	41.80	*18.90*
177.00	*79.80*	70.80	*32.10*	212.40	*95.70*	106.20	*48.00*	42.50	*19.20*
180.00	*81.00*	72.00	*32.40*	216.00	*97.20*	108.00	*48.60*	43.20	*19.50*
183.00	*82.50*	73.20	*33.00*	219.60	*99.00*	109.80	*49.50*	44.00	*19.80*
186.00	*83.70*	74.40	*33.60*	223.20	*100.50*	111.60	*50.40*	44.70	*20.10*
189.00	*85.20*	75.60	*34.20*	226.80	*102.30*	113.40	*51.30*	45.40	*20.70*
192.00	*86.40*	76.80	*34.80*	230.40	*103.80*	115.20	*51.90*	46.10	*21.00*

Wertsklassen		1. Nichtkontradiktorische Verhandlung				2. Mahn-	
		$^{5}/_{10}$ in 2. Instanz		$^{5}/_{10}$ in 3. Instanz		$^{10}/_{10}$	
Nr.	Streitwert	Gebühr	Pauschsatz	Gebühr	Pauschsatz	Gebühr	Pauschsatz
1	2	3	4	5	6	7	8
	bis einschl. *M*	*M*	*M*	*M*	*M*	*M*	*M*
55	84000	253.50	*114.30*	292.50	*131.70*	390.00	*175.50*
56	86000	257.40	*116.10*	297.00	*133.80*	396.00	*178.20*
57	88000	261.30	*117.60*	301.50	*135.90*	402.00	*180.90*
58	90000	265.20	*119.40*	306.00	*137.70*	408.00	*183.60*
59	92000	269.10	*121.20*	310.50	*139.80*	414.00	*186.30*
60	94000	273.00	*123.00*	315.00	*141.90*	420.00	*189.00*
61	96000	276.90	*124.80*	319.50	*144.00*	426.00	*191.70*
62	98000	280.80	*126.60*	324.00	*145.80*	432.00	*194.40*
63	100000	284.70	*128.40*	328.50	*147.90*	438.00	*197.10*
64	102000	287.30	*129.30*	331.50	*149.40*	442.00	*198.90*
65	104000	289.90	*130.50*	334.50	*150.60*	446.00	*200.70*
66	106000	292.50	*131.70*	337.50	*152.10*	450.00	*202.50*
67	108000	295.10	*132.90*	340.50	*153.30*	454.00	*204.30*
68	110000	297.70	*134.10*	343.50	*154.80*	458.00	*206.10*
69	112000	300.30	*135.30*	346.50	*156.00*	462.00	*207.90*
70	114000	302.90	*136.50*	349.50	*157.50*	466.00	*209.70*
71	116000	305.50	*137.70*	352.50	*158.70*	470.00	*211.50*
72	118000	308.10	*138.90*	355.50	*160.20*	474.00	*213.30*
73	120000	310.70	*140.10*	358.50	*161.40*	478.00	*215.10*
74	122000	313.30	*141.00*	361.50	*162.90*	482.00	*216.90*
75	124000	315.90	*142.20*	364.50	*164.10*	486.00	*218.70*
76	126000	318.50	*143.40*	367.50	*165.60*	490.00	*220.50*
77	128000	321.10	*144.60*	370.50	*166.80*	494.00	*222.30*
78	130000	323.70	*145.80*	373.50	*168.30*	498.00	*224.10*
79	132000	326.30	*147.00*	376.50	*169.50*	502.00	*225.90*
80	134000	328.90	*148.20*	379.50	*171.00*	506.00	*227.70*
81	136000	331.50	*149.40*	382.50	*172.20*	510.00	*229.50*

Vgl. die Bemerkungen vor der Tabelle.

verfahren und nichtkontradiktorische Verhandlung in erster Instanz

$^{5}/_{10}$		$^{2}/_{10}$		$^{6}/_{10}$		$^{3}/_{10}$		$^{12}/_{100}$	
Gebühr	Pauschsatz	Gebühr	Pauschsatz	Gebühr	Pauschsatz	Gebühr	Pauschsatz	Gebühr	Pauschsatz
9	10	11	12	13	14	15	16	17	18
ℳ	ℳ	ℳ	ℳ	ℳ	ℳ	ℳ	ℳ	ℳ	ℳ
195.00	*87.90*	78.00	*35.10*	234.00	*105.30*	117.00	*52.80*	46.80	*21.30*
198.00	*89.10*	79.20	*35.70*	237.60	*107.10*	118.80	*53.70*	47.60	*21.60*
201.00	*90.60*	80.40	*36.30*	241.20	*108.60*	120.60	*54.30*	48.30	*21.90*
204.00	*91.80*	81.60	*36.90*	244.80	*110.40*	122.40	*55.20*	49.00	*22.20*
207.00	*93.30*	82.80	*37.50*	248.40	*111.90*	124.20	*56.10*	49.70	*22.50*
210.00	*94.50*	84.00	*37.80*	252.00	*113.40*	126.00	*56.70*	50.40	*22.80*
213.00	*96.00*	85.20	*38.40*	255.60	*115.20*	127.80	*57.60*	51.20	*23.10*
216.00	*97.20*	86.40	*39.00*	259.20	*116.70*	129.60	*58.50*	51.90	*23.40*
219.00	*98.70*	87.60	*39.60*	262.80	*118.50*	131.40	*59.40*	52.60	*23.70*
221.00	*99.60*	88.40	*39.90*	265.20	*119.40*	132.60	*59.70*	53.10	*24.00*
223.00	*100.50*	89.20	*40.20*	267.60	*120.60*	133.80	*60.30*	53.60	*24.30*
225.00	*101.40*	90.00	*40.50*	270.00	*121.50*	135.00	*60.90*	54.00	*24.30*
227.00	*102.30*	90.80	*41.10*	272.40	*122.70*	136.20	*61.50*	54.50	*24.60*
229.00	*103.20*	91.60	*41.40*	274.80	*123.90*	137.40	*62.10*	55.00	*24.90*
231.00	*104.10*	92.40	*41.70*	277.20	*124.80*	138.60	*62.40*	55.50	*25.20*
233.00	*105.00*	93.20	*42.00*	279.60	*126.00*	139.80	*63.00*	56.00	*25.20*
235.00	*105.90*	94.00	*42.30*	282.00	*126.90*	141.00	*63.60*	56.40	*25.50*
237.00	*106.80*	94.80	*42 90*	284.40	*128.10*	142.20	*64.20*	56.90	*25.80*
239.00	*107.70*	95.60	*43.20*	286.80	*129.30*	143.40	*64.80*	57.40	*26.10*
241.00	*108.60*	96.40	*43.50*	289.20	*130.20*	144·60	*65.10*	57.90	*26.10*
243.00	*109.50*	97.20	*43.80*	291.60	*131.40*	145.80	*65.70*	58.40	*26.40*
245.00	*110.40*	98.00	*44.10*	294.00	*132.30*	147.00	*66.30*	58.80	*26.70*
247.00	*111.30*	98.80	*44.70*	296.40	*133.50*	148.20	*66.90*	59.40	*26.70*
249.00	*112.20*	99.60	*45.00*	298.80	*134.70*	149.40	*67.50*	59.80	*27.00*
251.00	*113.10*	100.40	*45.30*	301.20	*135.60*	150.60	*67.80*	60.30	*27.30*
253.00	*114.00*	101.20	*45.60*	303.60	*136.80*	151.80	*68.40*	60.80	*27.60*
255.00	*114.90*	102.00	*45.90*	306.00	*137.70*	153.00	*69.00*	61.20	*27.60*

Wertsklassen		1. Nichtkontradiktorische Verhandlung				2. Mahn-	
		$^{5}/_{10}$ in 2. Instanz		$^{5}/_{10}$ in 3. Instanz		$^{10}/_{10}$	
Nr.	Streitwert	Gebühr	Pauschsatz	Gebühr	Pauschsatz	Gebühr	Pauschsatz
1	2	3	4	5	6	7	8
	bis einschl. *M*	*M*	*M*	*M*	*M*	*M*	*M*
82	138000	334.10	*150.60*	385.50	*173.70*	514.00	*231.30*
83	140000	336.70	*151.80*	388.50	*174.90*	518.00	*233.10*
84	142000	339.30	*152.70*	391.50	*176.40*	522.00	*234.90*
85	144000	341.90	*153.90*	394.50	*177.60*	526.00	*236.70*
86	146000	344.50	*155.10*	397.50	*179.10*	530.00	*238.50*
87	148000	347.10	*156.30*	400.50	*180.30*	534.00	*240.30*
88	150000	349.70	*157.50*	403.50	*181.80*	538.00	*242.10*
89	152000	352.30	*158.70*	406.50	*183.00*	542.00	*243.90*
90	154000	354.90	*159.90*	409.50	*184.50*	546.00	*245.70*
91	156000	357.50	*161.10*	412.50	*185.70*	550.00	*247.50*
92	158000	360.10	*162.30*	415.50	*187.20*	554.00	*249.30*
93	160000	362.70	*163.50*	418.50	*188.40*	558.00	*251.10*
94	162000	365.30	*164.40*	421.50	*189.90*	562.00	*252.90*
95	164000	367.90	*165.60*	424.50	*191.10*	566.00	*254.70*
96	166000	370.50	*166.80*	427.50	*192.60*	570.00	*256.50*
97	168000	373.10	*168.00*	430.50	*193.80*	574.00	*258.30*
98	170000	375.70	*169.20*	433.50	*195.30*	578.00	*260.10*
99	172000	378.30	*170.40*	436.50	*196.50*	582.00	*261.90*
100	174000	380.90	*171.60*	439.50	*198.00*	586.00	*263.70*
101	176000	383.50	*172.80*	442.50	*199.20*	590.00	*265.50*
102	178000	386.10	*174.00*	445.50	*200.70*	594.00	*267.30*
103	180000	388.70	*175.20*	448.50	*201.90*	598.00	*269.10*
104	182000	391.30	*176.10*	451.50	*203.40*	602.00	*270.90*
105	184000	393.90	*177.30*	454.50	*204.60*	606.00	*272.70*
106	186000	396.50	*178.50*	457.50	*206.10*	610.00	*274.50*
107	188000	399.10	*179.70*	460.50	*207.30*	614.00	*276.30*
108	190000	401.70	*180.90*	463.50	*208.80*	618.00	*278.10*

Vgl. die Bemerkungen vor der Tabelle.

verfahren und nichtkontradiktorische Verhandlung in erster Instanz

5/10		2/10		6/10		3/10		12/100	
Gebühr	Pausch-satz	Gebühr	Pausch-satz	Gebühr	Pausch-satz	Gebühr	Pausch-satz	Gebühr	Pausch-satz
9	10	11	12	13	14	15	16	17	18
ℳ	ℳ	ℳ	ℳ	ℳ	ℳ	ℳ	ℳ	ℳ	ℳ
257.00	*115.80*	102.80	*46.50*	308.40	*138.90*	154.20	*69.60*	61.70	*27.90*
259.00	*116.70*	103.60	*46.80*	310.80	*140.10*	155.40	*70.20*	62.20	*28.20*
261.00	*117.60*	104.40	*47.10*	313.20	*141.00*	156.60	*70.50*	62.70	*28.20*
263.00	*118.50*	105.20	*47.40*	315.60	*142.20*	157.80	*71.10*	63.20	*28.50*
265.00	*119.40*	106.00	*47.70*	318.00	*143.10*	159.00	*71.70*	63.60	*28.80*
267.00	*120.30*	106.80	*48.30*	320.40	*144.30*	160.20	*72.30*	64.10	*29.10*
269.00	*121.20*	107.60	*48.60*	322.80	*145.50*	161.40	*72.90*	64.60	*29.10*
271.00	*122.10*	108.40	*48.90*	325.20	*146.40*	162.60	*73.20*	65.10	*29.40*
273.00	*123.00*	109.20	*49.20*	327.60	*147.60*	163.80	*73.80*	65.60	*29.70*
275.00	*123.90*	110.00	*49.50*	330.00	*148.50*	165.00	*74.40*	66.00	*29.70*
277.00	*124.80*	110.80	*50.10*	332.40	*149.70*	166.20	*75.00*	66.50	*30.00*
279.00	*125.70*	111.60	*50.40*	334.80	*150.90*	167.40	*75.60*	67.00	*30.30*
281.00	*126.60*	112.40	*50.70*	337.20	*151.80*	168.60	*75.90*	67.50	*30.60*
283.00	*127.50*	113.20	*51.00*	339.60	*153.00*	169.80	*76.50*	68.00	*30.60*
285.00	*128.40*	114.00	*51.30*	342.00	*153.90*	171.00	*77.10*	68.40	*30.90*
287.00	*129.30*	114.80	*51.90*	344.40	*155.10*	172.20	*77.70*	68.90	*31.20*
289.00	*130.20*	115.60	*52.20*	346.80	*156.30*	173.40	*78.30*	69.40	*31.50*
291.00	*131.10*	116.40	*52.50*	349.20	*157.20*	174.60	*78.60*	69.90	*31.50*
293.00	*132.00*	117.20	*52.80*	351.60	*158.40*	175.80	*79.20*	70.40	*31.80*
295.00	*132.90*	118.00	*53.10*	354.00	*159.30*	177.00	*79.80*	70.80	*32.10*
297.00	*133.80*	118.80	*53.70*	356.40	*160.50*	178.20	*80.40*	71.30	*32.10*
299.00	*134.70*	119.60	*54.00*	358.80	*161.70*	179.40	*81.00*	71.80	*32.40*
301.00	*135.60*	120.40	*54.30*	361.20	*162.60*	180.60	*81.30*	72.30	*32.70*
303.00	*136.50*	121.20	*54.60*	363.60	*163.80*	181.80	*81.90*	72.80	*33.00*
305.00	*137.40*	122.00	*54.90*	366.00	*164.70*	183.00	*82.50*	73.20	*33.00*
307.00	*138.30*	122.80	*55.50*	368.40	*165.90*	184.20	*83.10*	73.70	*33.30*
309.00	*139.20*	123.60	*55.80*	370.80	*167.10*	185.40	*83.70*	74.20	*33.60*

Wertsklassen		1. Nichtkontradiktorische Verhandlung				2. Mahn-	
		$^5/_{10}$ in 2. Instanz		$^5/_{10}$ in 3. Instanz		$^{10}/_{10}$	
Nr.	Streitwert	Gebühr	Pauschsatz	Gebühr	Pauschsatz	Gebühr	Pauschsatz
1	2	3	4	5	6	7	8
	bis einschl. M	M	M	M	M	M	M
109	192000	404.30	*182.10*	466.50	*210.00*	622.00	*279.90*
110	194000	406.90	*183.30*	469.50	*211.50*	626.00	*281.70*
111	196000	409.50	*184.50*	472.50	*212.70*	630.00	*283.50*
112	198000	412.10	*185.70*	475.50	*214.20*	634.00	*285.30*
113	200000	414.70	*186.90*	478.50	*215.40*	638.00	*287.10*
	usw. v. 2000 zu 2000 M. steig. um mithin	2.60	*0.90* oder *1.20*	3.00	*1.20* oder *1.50*	4.00	*1.80*
163	300000	544.70	*245.40*	628.50	*282.90*	838.00	*377.10*
213	400000	674.70	*303.90*	778.50	*350.40*	1038.00	*467.10*
263	500000	804.70	*362.40*	928.50	*417.90*	1238.00	*557.10*
313	600000	934.70	*420.90*	1078.50	*485.40*	1438.00	*647.10*
363	700000	1064.70	*479.40*	1228.50	*552.90*	1638.00	*737.10*
413	800000	1194.70	*537.90*	1378.50	*620.40*	1838.00	*810.00*
463	900000	1324.70	*596.40*	1528.50	*687.90*	2038.00	*810.00*
513	1000000	1454.70	*654.90*	1678.50	*755.40*	2238.00	*810.00*

Vgl. die Bemerkungen vor der Tabelle.

verfahren und nichtkontradiktorische Verhandlung in erster Instanz

$^{5}/_{10}$		$^{2}/_{10}$		$^{6}/_{10}$		$^{3}/_{10}$		$^{12}/_{100}$	
Gebühr	Pauschsatz	Gebühr	Pauschsatz	Gebühr	Pauschsatz	Gebühr	Pauschsatz	Gebühr	Pauschsatz
9	10	11	12	13	14	15	16	17	18
ℳ	ℳ	ℳ	ℳ	ℳ	ℳ	ℳ	ℳ	ℳ	ℳ
311.00	*140.10*	124.40	*56.10*	373.20	*168.00*	186.60	*84.00*	74.70	*33.60*
313.00	*141.00*	125.20	*56.40*	375.60	*169.20*	187.80	*84.60*	75.20	*33.90*
315.00	*141.90*	126.00	*56.70*	378.00	*170.10*	189.00	*85.20*	75.60	*34.20*
317.00	*142.80*	126.80	*57.30*	380.40	*171.30*	190.20	*85.80*	76.10	*34.50*
319.00	*143.70*	127.60	*57.60*	382.80	*172.50*	191.40	*86.40*	76.60	*34.50*
2.00	*0.90*	0.80	*0.30* oder *0.60*	2.40	*0.90* oder *1.20*	1.20	*0.30* oder *0.60*	0.40 oder 0.50	*0.00* oder *0.30*
419.00	*188.70*	167.60	*75.60*	502.80	*226.50*	251.40	*113.40*	100.60	*45.30*
519.00	*233.70*	207.60	*93.60*	622.80	*280.50*	311.40	*140.40*	124.60	*56.10*
619.00	*278.70*	247.60	*111.60*	742.80	*334.50*	371.40	*167.40*	148.60	*66.90*
719.00	*323.70*	287.60	*129.60*	862.80	*388.50*	431.40	*194.40*	172.60	*77.70*
819.00	*368.70*	327.60	*147.60*	982.80	*442.50*	491.40	*221.40*	196.60	*88.50*
919.00	*413.70*	367.60	*165.60*	1102.80	*496.50*	551.40	*248.40*	220.60	*99.30*
1019.00	*458.70*	407.60	*183.60*	1222.80	*550.50*	611.40	*275.40*	244.60	*110.10*
1119.00	*503.70*	447.60	*201.60*	1342.80	*604.50*	671.40	*302.40*	368.60	*120.90*

C. Bürgerliche Rechtsstreitigkeiten über nicht vermögensrechtliche Ansprüche.

Mit den Zuschlägen des Gesetzes vom 8./7. 21 und der VO. vom 9./2. 22 sowie teilweise denen des Gesetzes vom 18./12. 19.

Der **Streitwert** für nichtvermögensrechtliche Ansprüche ist nach § 10 GKG. auf 200—500000 M. festzusetzen.

Für die Wertsklassen von 200 bis 20000 M. gilt die Besonderheit, daß der Teuerungszuschlag aus Art. II RGes. vom 8./7. 21 (RGBl. 910) auch hier schon 100% beträgt. Die sich daraus ergebenden Gebühren und Pauschsätze bis 20000 M. Wertgrenze sind in der nachfolgenden Tabelle berechnet. Für die höheren Wertsklassen gelten die Tabellen A und B.

Vgl. die Vorbemerkungen zu den Tabellen A und B.

Zu den Spalten 15—20 sei bemerkt: Die **nichtkontradiktorischen Verhandlungen** bringen nach § 16 Abs. 1 Satz 1 DGO. $^{5}/_{10}$ Gebühr, und zwar ohne den Teuerungszuschlag aus § 1 RGes. vom 18./12. 19 (RGBl. 2115). Zu beachten ist aber, daß der § 16 Abs. 1 Satz 1 DGO. nicht gilt, wenn in Ehesachen, Kindschaftssachen, Entmündigungsanfechtungen, Todeserklärungsanfechtungen der Kläger einseitig verhandelt (§ 16 Abs. 1 Satz 2 DGO.). Hierfür erhält der Rechtsanwalt des Klägers also die volle $^{10}/_{10}$-Gebühr mit Teuerungszuschlägen, wie sie in den Spalten 3—6 angegeben ist.

Wertsklassen		1. Volle Gebühr nebst Pauschsatz				2. Bruchteile der erstinstanz-			
		1. Instanz		2. u. 3. Instanz		2/10		3/10	
Nr.	Streitwert	Gebühr	Pauschsatz	Gebühr	Pauschsatz	Gebühr	Pauschsatz	Gebühr	Pauschsatz
1	2	3	4	5	6	7	8	9	10
	bis einschl. M	M	M	M	M	M	M	M	M
4	200	19.60	*9.00*	23.80	*10.80*	4.00	*2.40*	5.90	*2.70*
5	300	32.00	*14.40*	38.00	*17.10*	6.40	*3.00*	9.60	*4.50*
6	450	44.80	*20.40*	53.20	*24.00*	9.00	*4.20*	13.50	*6.30*
7	650	60.80	*27.60*	72.20	*32.70*	12.20	*5.70*	18.30	*8.40*
8	900	86.40	*39.00*	100.80	*45.60*	17.30	*7.80*	26.00	*11.70*
9	1200	100.80	*45.60*	117.60	*53.10*	20.20	*9.30*	30.30	*13.80*
10	1600	115.20	*51.90*	134.40	*60.60*	23.10	*10.50*	34.60	*15.60*
11	2100	129.60	*58.50*	151.20	*68.10*	26.00	*11.70*	38.90	*17.70*
12	2700	144.00	*64.80*	168.00	*75.60*	28.80	*13.20*	43.20	*19.50*
13	3400	158.40	*71.40*	184.80	*83.40*	31.70	*14.40*	47.60	*21.60*
14	4300	192.00	*86.40*	220.80	*99.60*	38.40	*17.40*	57.60	*26.10*
15	5400	208.00	*93.60*	239.20	*107.70*	41.60	*18.90*	62.40	*28.20*
16	6700	224.00	*100.80*	257.60	*118.10*	44.80	*20.40*	67.20	*30.30*
17	8200	240.00	*108.00*	276.00	*124.20*	48.00	*21.60*	72.00	*32.40*
18	10000	256.00	*115.20*	294.40	*132.60*	51.20	*23.10*	76.80	*34.80*
19	12000	272.00	*122.40*	312.80	*141.00*	54.40	*24.60*	81.60	*36.90*
20	14000	288.00	*129.60*	331.20	*149.10*	57.60	*26.10*	86.40	*39.00*
21	16000	304.00	*136.80*	349.60	*157.50*	60.80	*27.60*	91.20	*41.10*
22	18000	320.00	*144.00*	368.00	*165.60*	64.00	*28.80*	96.00	*43.20*
23	20000	336.00	*151.20*	386.40	*174.00*	67.20	*30.30*	100.80	*45.60*
		Weiter Tabelle A Spalten 3, 4		W iter Tabelle A Spalten 5, 6		Weiter Tabelle A Spalten 7, 8		Weiter Tabelle A Spalten 9, 10	

Vgl. die Bemerkungen vor der Tabelle.

lichen Gebühr nebst Pauschsatz				3. Nichtkontradiktorische Verhandlung					
5/10		6/10		5/10 in 1. Instanz		5/10 in 2. Instanz		5/10 in 3. Instanz	
Gebühr	Pauschsatz	Gebühr	Pauschsatz	Gebühr	Pauschsatz	Gebühr	Pauschsatz	Gebühr	Pauschsatz
11	12	13	14	15	16	17	18	19	20
ℳ	ℳ	ℳ	ℳ	ℳ	ℳ	ℳ	ℳ	ℳ	ℳ
9.80	*4.50*	11.80	*5.40*	7.00	*3.30*	9.10	*4.20*	10.50	*4.80*
16.00	*7.20*	19.20	*8.70*	10.00	*4.50*	13.00	*6.00*	15.00	*6.90*
22.40	*10.20*	26.90	*13.20*	14.00	*6.30*	18.20	*8.40*	21.00	*9.60*
30.40	*13.80*	36.50	*16.50*	19.00	*8.70*	24.70	*11.40*	28.50	*12.90*
43.20	*19.50*	51.90	*23.40*	24.00	*10.80*	31.20	*14.10*	36.00	*16.20*
50.40	*22.80*	60.50	*27.30*	28.00	*12.60*	36.40	*16.50*	42.00	*18.90*
57.60	*26.10*	69.20	*31.20*	32.00	*14.40*	41.60	*18.90*	48.00	*21.60*
64.80	*29.40*	77.80	*35.10*	36.00	*16.20*	46.80	*21.30*	54.00	*24.30*
72.00	*32.40*	86.40	*39.00*	40.00	*18.00*	52.00	*23.40*	60.00	*27.00*
79.20	*35.70*	95.10	*42.90*	44.00	*19.80*	57.20	*25.80*	66.00	*29.70*
96.00	*43.20*	115.20	*51.90*	48.00	*21.60*	62.40	*28.20*	72.00	*32.40*
104.00	*46.80*	124.80	*56.40*	52.00	*23.40*	67.60	*30.60*	78.00	*35.10*
112.00	*50.40*	134.40	*60.60*	56.00	*25.20*	72.80	*33.00*	84.00	*37.80*
120.00	*54.00*	144.00	*64.80*	60.00	*27.00*	78.00	*35.10*	90.00	*40.50*
128.00	*57.60*	153.60	*69.30*	64.00	*28.80*	83.20	*37.50*	96.00	*43.20*
136.00	*61.20*	163.20	*73.50*	68.00	*30.60*	88.40	*39.90*	102.00	*45.90*
144.00	*64.80*	172.80	*78.00*	72.00	*32.40*	93.60	*42.30*	108.00	*48.60*
152.00	*68.40*	182.40	*82.20*	76.00	*34.20*	98.80	*44.70*	114.00	*51.30*
160.00	*72.00*	192.00	*86.40*	80 00	*36.00*	104.00	*46.80*	120.00	*54.00*
168.00	*75.60*	201.60	*90.90*	84.00	*37.80*	109.20	*49.20*	126.00	*56.70*
Weiter Tabelle A Spalten 13,14		Weiter Tabelle A Spalten 15, 16		Weiter Tabelle B Spalten 9, 10		Weiter Tabelle B Spalten 3, 4		Weiter Tabelle B Spalten 5, 6	

D. Erhebung und Ablieferung von Geldern und Wertpapieren. § 87 DGO.

Mit den Zuschlägen des Gesetzes vom 8./7. 21 und der VO. vom 9./2. 22.

I. Tabelle.

Geldbetrag oder Kurswert des Papiers (auf volle Hundert Mark nach oben abgerundet)	Gebühr für Erhebung und Ablieferung des Geldes	Gebühr für Erhebung und Ablieferung des Wertpapiers
über *M* einschl. *M*		
1. bis 1000	1% des Betrags	½% des Werts
2. 1000 „ 10000	5 *M* plus ½% des Betrags	2.50 plus ¼% d. Werts
3. 10000	30 *M* plus ¼% des Betrags	15 *M* plus ½% des Werts

II. Zuschläge.

Zu den nach I errechneten Gebühren kommen als Zuschläge hinzu bei Erhebung und Ablieferung:

a) in Strafsachen 50%

b) in bürgerlichen Rechtsstreitigkeiten und Konkurssachen:

bis	8200 M.	Geldbetrag	od. Papierwert				50%,
über 8200	„	20000	„	„	„	„	75%,
über 20000 M.				„	„	„	100%.

III. Pauschsätze.

Als Pauschsatz sind anzusetzen 90% des nach Tabelle I (ohne den Zuschlag zu II) errechneten Betrags.

IV. Abrundung.

Die Gebühren (I plus II) sind auf volle 10 Pf., die Pauschsätze (III) auf volle 30 Pf. nach oben abzurunden.

Tabellen zur Preußischen Gebührenordnung.

E. Gebühren nach Artikel 3 (Angelegenheiten der Artikel 4 bis 12) PrGO.

Mit den Zuschlägen des PrGes. vom 29./4. 20.

$^{10}/_{10}$ = Art. 3; 10 Abs. 2; Art. 12.
$^{1}/_{10}$ = Art. 9 Abs. 1, 2; Art. 11.
$^{2}/_{10}$ = Art. 5 Abs. 1; Art. 8 Abs. 1; Art. 10 Abs. 1 Satz 2.
$^{3}/_{10}$ = Art. 4 Abs. 1 Nr. 1, 2 und Abs. 2; Art. 5 Abs. 2, 3; Art. 6; 7; 10 Abs. 1.

Wertsklassen			$^{10}/_{10}$		$^{1}/_{10}$		$^{2}/_{10}$		$^{3}/_{10}$	
Nr.	Wertstufe		Gebühr	Pauschsatz	Gebühr	Pauschsatz	Gebühr	Pauschsatz	Gebühr	Pauschsatz
1	2		3	4	5	6	7	8	9	10
	über ℳ	einschl. ℳ	ℳ	ℳ	ℳ	ℳ	ℳ	ℳ	ℳ	ℳ
1	0 bis	20	6.00	*1.80*	1.00	*1.50*	1.20	*1.50*	1.80	*1.50*
2	20 „	60	9.00	*2.70*	1.00	*1.50*	1.80	*1.50*	2.70	*1.50*
3	60 „	120	12.00	*3.60*	1.20	*1.50*	2.40	*1.50*	3.60	*1.50*
4	120 „	200	21.00	*6.30*	2.10	*1.50*	4.20	*1.50*	6.30	*1.90*
5	200 „	300	30.00	*9.00*	3.00	*1.50*	6.00	*1.80*	9.00	*2.70*
6	300 „	450	42.00	*12.60*	4.20	*1.50*	8.40	*2.60*	12.60	*3.80*
7	450 „	650	57.00	*17.10*	5.70	*1.80*	11.40	*3.50*	17.10	*5.20*
8	650 „	900	72.00	*21.60*	7.20	*2.20*	14.40	*4.40*	21.60	*6.50*
9	900 „	1200	84.00	*25.20*	8.40	*2.60*	16.80	*5.10*	25.20	*7.60*
10	1200 „	1600	96.00	*28.80*	9.60	*2.90*	19.20	*5.80*	28.80	*8.70*
11	1600 „	2100	108.00	*32.40*	10.80	*3.30*	21.60	*6.50*	32.40	*9.80*
12	2100 „	2700	120.00	*36.00*	12.00	*3.60*	24.00	*7.20*	36.00	*10.80*
13	2700 „	3400	132.00	*39.60*	13.20	*4.00*	26.40	*8.00*	39.60	*11.90*
14	3400 „	4300	144.00	*43.20*	14.40	*4.40*	28.80	*8.70*	43.20	*13.00*
15	4300 „	5400	156.00	*46.80*	15.60	*4.70*	31.20	*9.40*	46.80	*14.10*
16	5400 „	6700	168.00	*50.40*	16.80	*5.10*	33.60	*10.10*	50.40	*15.20*
17	6700 „	8200	180.00	*54.00*	18.00	*5.40*	36.00	*10.80*	54.00	*16.20*

18	8200 bis	10000	192.00	*57.60*	19.20	*5.80*	38.40	*11.60*	57.60	*17.30*
19	10000 "	12500	204.00	*61.20*	20.40	*6.20*	40.80	*12.30*	61.20	*18.40*
20	12500 "	15000	216.00	*64.80*	21.60	*6.50*	43.20	*13.00*	64.80	*19.50*
21	15000 "	17500	228.00	*68.40*	22.80	*6.90*	45.60	*13.70*	68.40	*20.60*
22	17500 "	20000	240.00	*72.00*	24.00	*7.20*	48.00	*14.40*	72.00	*21.60*
23	20000 "	25000	255.00	*76.50*	25.50	*7.70*	51.00	*15.30*	76.50	*23.00*
24	25000 "	30000	270.00	*81.00*	27.00	*8.10*	54.00	*16.20*	81.00	*24.30*
25	30000 "	35000	285.00	*85.50*	28.50	*8.60*	57.00	*17.10*	85.50	*25.70*
26	35000 "	40000	300.00	*90.00*	30.00	*9.00*	60.00	*18.00*	90.00	*27.00*
27	40000 "	45000	315.00	*94.50*	31.50	*9.50*	63.00	*18.90*	94.50	*28.40*
28	45000 "	50000	330.00	*99.00*	33.00	*9.90*	66.00	*19.80*	99.00	*29.70*
29	50000 "	55000	345.00	*103.50*	34.50	*10.40*	69.00	*20.70*	103.50	*31.10*
30	55000 "	60000	360.00	*108.00*	36.00	*10.80*	72.00	*21.60*	108.00	*32.40*
31	60000 "	65000	375.00	*112.50*	37.50	*11.30*	75.00	*22.50*	112.50	*33.80*
32	65000 "	70000	390.00	*117.00*	39.00	*11.70*	78.00	*23.40*	117.00	*35.10*
33	70000 "	75000	405.00	*121.50*	40.50	*12.20*	81.00	*24.30*	121.50	*36.50*
34	75000 "	80000	420.00	*126.00*	42.00	*12.60*	84.00	*25.20*	126.00	*37.80*
35	80000 "	85000	435.00	*130.50*	43.50	*13.10*	87.00	*26.10*	130.50	*39.20*
36	85000 "	90000	450.00	*135.00*	45.00	*13.50*	90.00	*27.00*	135.00	*40.50*
37	90000 "	95000	465.00	*139.50*	46.50	*14.00*	93.00	*27.90*	139.50	*41.90*
38	95000 "	100000	480.00	*144.00*	48.00	*14.40*	96.00	*28.80*	144.00	*43.20*
39	100000 "	110000	495.00	*148.50*	49.50	*14.90*	99.00	*29.70*	148.50	*44.60*
40	110000 "	120000	510.00	*153.00*	51.00	*15.30*	102.00	*30.60*	153.00	*45.90*
41	120000 "	130000	525.00	*157.50*	52.50	*15.80*	105.00	*31.50*	157.50	*47.30*
42	130000 "	140000	540.00	*162.00*	54.00	*16.20*	108.00	*32.40*	162.00	*48.60*

Nr.	Wertklassen Wertstufe			10/10 Gebühr	10/10 Pauschsatz	1/10 Gebühr	1/10 Pauschsatz	2/10 Gebühr	2/10 Pauschsatz	3/10 Gebühr	3/10 Pauschsatz
1	2			3	4	5	6	7	8	9	10
	über *M*		einschl. *M*	*M*	*M*	*M*	*M*	*M*	*M*	*M*	*M*
43	140000	bis	150000	555.00	*166.50*	55.50	*16.70*	111.00	*33.30*	166.50	*50.00*
44	150000	„	160000	570.00	*171.00*	57.00	*17.10*	114.00	*34.20*	171.00	*51.30*
45	160000	„	170000	585.00	*175.50*	58.50	*17.60*	117.00	*35.10*	175.50	*52.70*
46	170000	„	180000	600.00	*180.00*	60.00	*18.00*	120.00	*36.00*	180.00	*54.00*
47	180000	„	190000	615.00	*184.50*	61.50	*18.50*	123.00	*36.90*	184.50	*55.40*
48	190000	„	200000	630.00	*189.00*	63.00	*18.90*	126.00	*37.80*	189.00	*56.70*
49	200000	„	210000	645.00	*193.50*	64.50	*19.40*	129.00	*38.70*	193.50	*58.10*
50	210000	„	220000	660.00	*198.00*	66.00	*19.80*	132.00	*39.60*	198.00	*59.40*
51	220000	„	230000	675.00	*202.50*	67.50	*20.30*	135.00	*40.50*	202.50	*60.80*
52	230000	„	240000	690.00	*207.00*	69.00	*20.70*	138.00	*41.40*	207.00	*62.10*
53	240000	„	250000	705.00	*211.50*	70.50	*21.20*	141.00	*42.30*	211.50	*63.50*
54	250000	„	260000	720.00	*216.00*	72.00	*21.60*	144.00	*43.20*	216.00	*64.80*
55	260000	„	270000	735.00	*220.50*	73.50	*22.10*	147.00	*44.10*	220.50	*66.20*
56	270000	„	280000	750.00	*225.00*	75.00	*22.50*	150.00	*45.00*	225.00	*67.50*
57	280000	„	290000	765.00	*229.50*	76.50	*23.00*	153.00	*45.90*	229.50	*68.90*
58	290000	„	300000	780.00	*234.00*	78.00	*23.40*	156.00	*46.80*	234.00	*70.20*
59	300000	„	325000	795.00	*238.50*	79.50	*23.90*	159.00	*47.70*	238.50	*71.60*

60	325000	bis	350000	810.00	*243.00*	81.00	*24.30*	162.00	*48.60*	243.00	*72.90*
61	350000	„	375000	825.00	*247.50*	82.50	*24.80*	165.00	*49.50*	247.50	*74.30*
62	375000	„	400000	840.00	*252.00*	84.00	*25.20*	168.00	*50.40*	252.00	*75.60*
63	400000	„	425000	855.00	*256.50*	85.50	*25.70*	171.00	*51.30*	256.50	*77.00*
64	425000	„	450000	870.00	*261.00*	87.00	*26.10*	174.00	*52.20*	261.00	*78.30*
65	450000	„	475000	885.00	*265.50*	88.50	*26.60*	177.00	*53.10*	265.50	*79.70*
66	475000	„	500000	900.00	*270.00*	90.00	*27.00*	180.00	*54.00*	270.00	*81.00*
67	500000	„	525000	915.00	*274.50*	91.50	*27.50*	183.00	*54.90*	274.50	*82.40*
68	525000	„	550000	930.00	*279.00*	93.00	*27.90*	186.00	*55.80*	279.00	*83.70*
69	550000	„	575000	945.00	*283.50*	94.50	*28.40*	189.00	*56.70*	283.50	*85.10*
70	575000	„	600000	960.00	*288.00*	96.00	*28.80*	192.00	*57.60*	288.00	*86.40*
71	600000	„	625000	975.00	*292.50*	97.50	*29.30*	195.00	*58.50*	292.50	*87.80*
72	625000	„	650000	990.00	*297.00*	99.00	*29.70*	198.00	*59.40*	297.00	*89.10*
73	650000	„	675000	1005.00	*301.50*	100.50	*30.20*	201.00	*60.30*	301.50	*90.50*
74	675000	„	700000	1020.00	*306.00*	102.00	*30.60*	204.00	*61.20*	306.00	*91.80*
75	700000	„	725000	1035.00	*310.50*	103.50	*31.10*	207.00	*62.10*	310.50	*93.20*
76	725000	„	750000	1050.00	*315.00*	105.00	*31.50*	210.00	*63.00*	315.00	*94.50*
77	750000	„	775000	1065.00	*319.50*	106.50	*32.00*	213.00	*63.90*	319.50	*95.90*
78	775000	„	800000	1080.00	*324.00*	108.00	*32.40*	216.00	*64.80*	324.00	*97.20*
79	800000	„	825000	1095.00	*328.50*	109.50	*32.90*	219.00	*65.70*	328.50	*98.60*
80	825000	„	850000	1110.00	*333.00*	111.00	*33 30*	222.00	*66 60*	333.00	*99 90*
81	850000	„	875000	1125.00	*337 50*	112.50	*33.80*	225.00	*67.50*	337.50	*101.30*
82	875000	„	900000	1140.00	*342.00*	114.00	*34.20*	228.00	*68 40*	342.00	*102 60*
83	900000	„	925000	1155.00	*346.50*	115.50	*34.70*	231.00	*69.30*	346.50	*104.00*
84	925000	„	950000	1170.00	*351.00*	117.00	*35.10*	234.00	*70.20*	351.00	*105.30*

Nr.	Wertklassen – Wertstufe		10/10 Gebühr	10/10 Pauschsatz	1/10 Gebühr	1/10 Pauschsatz	2/10 Gebühr	2/10 Pauschsatz	3/10 Gebühr	3/10 Pauschsatz
1	2		3	4	5	6	7	8	9	10
	über *M*	einschl. *M*	*M*	*M*	*M*	*M*	*M*	*M*	*M*	*M*
85	950000 bis	975000	1185.00	*355.50*	118.50	*35.60*	237.00	*71.10*	355.50	*106.70*
86	975000 „	1000000	1200.00	*360.00*	120.00	*36.00*	240.00	*72.00*	360.00	*108.00*
87	1000000 „	1050000	1215.00	*364.50*	121.50	*36.50*	243.00	*72.90*	364.50	*109.40*
88	1050000 „	1100000	1230.00	*369.00*	123.00	*36.90*	246.00	*73.80*	369.00	*110.70*
89	1100000 „	1150000	1245.00	*373.50*	124.50	*37.40*	249.00	*74.70*	373.50	*112.10*
90	1150000 „	1200000	1260.00	*378.00*	126.00	*37.80*	252.00	*75.60*	378.00	*113.40*
91	1200000 „	1250000	1275.00	*382.50*	127.50	*38.30*	255.00	*76.50*	382.50	*114.80*
92	1250000 „	1300000	1290.00	*387.00*	129.00	*38.70*	258.00	*77.40*	387.00	*116.10*
93	1300000 „	1350000	1305.00	*391.50*	130.50	*39.20*	261.00	*78.30*	391.50	*117.50*
94	1350000 „	1400000	1320.00	*396.00*	132.00	*39.60*	264.00	*79.20*	396.00	*118.80*
95	1400000 „	1450000	1335.00	*400.50*	133.50	*40.10*	267.00	*80.10*	400.50	*120.20*
96	1450000 „	1500000	1350.00	*405.00*	135.00	*40.50*	270.00	*81.00*	405.00	*121.50*
97	1500000 „	1550000	1365.00	*409.50*	136.50	*41.00*	273.00	*81.90*	409.50	*122.90*
98	1550000 „	1600000	1380.00	*414.00*	138.00	*41.40*	276.00	*82.80*	414.00	*124.20*
99	1600000 „	1650000	1395.00	*418.50*	139.50	*41.90*	279.00	*83.70*	418.50	*125.60*
100	1650000 „	1700000	1410.00	*423.00*	141.00	*42.30*	282.00	*84.60*	423.00	*126.90*
101	1700000 „	1750000	1425.00	*427.50*	142.50	*42.80*	285.00	*85.50*	427.50	*128.30*

102	1750000 bis	1800000	1440.00	432 00	144.00	43 20	288.00	86 40	432.00	129.60
103	1800000 „	1850000	1455.00	436.50	145.50	43.70	291.00	87.30	436.50	131.00
104	1850000 „	1900000	1470.00	441.00	147.00	44.10	294.00	88.20	441.00	132.30
105	1900000 „	1950000	1485.00	445.50	148.50	44.60	297.00	89.10	445.50	133.70
106	1950000 „	2000000	1500.00	450.00	150.00	45.00	300.00	90.00	450.00	135.00
	usw. s. je 50000 M. steigend um		15.00	4.50	1.50	0.40 oder 0.50	3.00	0.90	4.50	1.30 oder 1.40
	mithin									
126	2950000 bis	3000000	1800.00	540.00	180.00	54.00	360.00	108.00	540.00	162.00
146	3950000 „	4000000	2100.00	630.00	210.00	63.00	420.00	126.00	630.00	189.00
166	4950000 „	5000000	2400.00	720 00	240.00	72 00	480.00	144 00	720.00	216 00
186	5950000 „	6000000	2700.00	810.00	270.00	81.00	540.00	162.00	810.00	243.00
206	6950000 „	7000000	3000.00	900.00	300.00	90.00	600.00	180.00	900.00	270.00
226	7950000 „	8000000	3300.00	990.00	330.00	99.00	660.00	198.00	990.00	297.00
246	8950000 „	9000000	3600.00	1080.00	360.00	108.00	720 00	216.00	1080.00	324.00
266	9950000 „	10000000	3900.00	1170.00	390.00	117.00	780.00	234.00	1170.00	351.00

F. Empfang, Verwahrung und Auszahlung von Geldern und Wertpapieren.

Mit den Zuschlägen des PrGes. vom 10./2. 22.

Die Gebühr hierfür ist in Art. 13 PrGO. durch Bezugnahme auf Art. 13 NotGO. ausgeworfen. Bei Aufstellung der folgenden Tabelle ist bereits der Zuschlag von $^{30}/_{10}$ bzw. $^{40}/_{10}$ berücksichtigt, den § 1 des PrG. vom 10./2. 22 (GS. 34) zu allen Notargebühren gewährt hat.

Nr.	Wertklassen: Geldbetrag oder Papierwert			Empfang vom Auftraggeber zur Ablieferung an einen Dritten: Geld, Gebühr	Geld, Pauschsatz	Wertpapiere, Gebühr	Wertpapiere, Pauschsatz	Erhebung von einem Dritten zur Ablieferung an den Auftraggeber: Geld, Gebühr	Geld, Pauschsatz	Wertpapiere, Gebühr	Wertpapiere, Pauschsatz
1	2			3	4	5	6	7	8	9	10
	über ℳ		einschl. ℳ	ℳ	ℳ	ℳ	ℳ	ℳ	ℳ	ℳ	ℳ
1	0	bis	50	1.60	*1.00*	0.80	*1.00*	3.20	*1.00*	1.60	*1.00*
2	50	„	100	2.40	*1.00*	1.20	*1.00*	4.80	*1.50*	2.40	*1.00*
3	100	„	150	3.20	*1.00*	1.60	*1.00*	6.40	*2.00*	3.20	*1.00*
4	150	„	200	4.00	*1.20*	2.00	*1.00*	8.00	*2.40*	4.00	*1.20*
5	200	„	250	4.80	*1.50*	2.40	*1.00*	9.60	*2.90*	4.80	*1.50*
6	250	„	300	5.60	*1.70*	2.80	*1.00*	11.20	*3.40*	5.60	*1.70*
7	300	„	350	6.40	*2.00*	3.20	*1.00*	12.80	*3.90*	6.40	*2.00*
8	350	„	400	7.20	*2.20*	3.60	*1.10*	14.40	*4.40*	7.20	*2.20*
9	400	„	500	8.00	*2.40*	4.00	*1.20*	16.00	*4.80*	8.00	*2.40*
10	500	„	600	8.80	*2.70*	4.40	*1.40*	17.60	*5.30*	8.80	*2.70*
11	600	„	700	9.60	*2.90*	4.80	*1.50*	19.20	*5.80*	9.60	*2.90*
12	700	„	800	10.40	*3.20*	5.20	*1.60*	20.80	*6.30*	10.40	*3.20*
13	800	„	900	11.20	*3.40*	5.60	*1.70*	22.40	*6.80*	11.20	*3.40*
14	900	„	1000	12.00	*3.60*	6.00	*1.80*	24.00	*7.20*	12.00	*3.60*
15	1000	„	1200	12.80	*3.90*	6.40	*2.00*	25.60	*7.70*	12.80	*3.90*
16	1200	„	1400	13.60	*4.10*	6.80	*2.10*	27.20	*8.20*	13.60	*4.10*
17	1400	„	1600	14.40	*4.40*	7.20	*2.20*	28.80	*8.70*	14.40	*4.40*
18	1600	„	1800	15.20	*4.60*	7.60	*2.30*	30.40	*9.20*	15.20	*4.60*

Wertsklassen				Empfang vom Auftraggeber zur Ablieferung an einen Dritten				Erhebung von einem Dritten zur Ablieferung an den Auftraggeber			
Nr.	Geldbetrag oder Papierwert			Geld		Wertpapiere		Geld		Wertpapiere	
				Gebühr	Pauschsatz	Gebühr	Pauschsatz	Gebühr	Pauschsatz	Gebühr	Pauschsatz
1	2			3	4	5	6	7	8	9	10
	über ℳ		einschl. ℳ	ℳ	ℳ	ℳ	ℳ	ℳ	ℳ	ℳ	ℳ
19	1800	bis	2000	16.00	*4.80*	8.00	*2.40*	32.00	*9.60*	16.00	*4.80*
20	2000	"	2200	16.80	*5.10*	8.40	*2.60*	33.60	*10.10*	16.80	*5.10*
21	2200	"	2400	17.60	*5.30*	8.80	*2.70*	35.20	*10.60*	17.60	*5.30*
22	2400	"	2600	18.40	*5.60*	9.20	*2.80*	36.80	*11.10*	18.40	*5.60*
23	2600	"	2800	19.20	*5.80*	9.60	*2.90*	38.40	*11.60*	19.20	*5.80*
24	2800	"	3000	20.00	*6.00*	10.00	*3.00*	40.00	*12.00*	20.00	*6.00*
25	3000	"	3200	20.80	*6.30*	10.40	*3.20*	41.60	*12.50*	20.80	*6.30*
26	3200	"	3400	21.60	*6.50*	10.80	*3.30*	43.20	*13.00*	21.60	*6.50*
27	3400	"	3600	22.40	*6.80*	11.20	*3.40*	44.80	*13.50*	22.40	*6.80*
28	3600	"	3800	23.20	*7.00*	11.60	*3.50*	46.40	*14.00*	23.20	*7.00*
29	3800	"	4000	24.00	*7.20*	12.00	*3.60*	48.00	*14.40*	24.00	*7.20*
30	4000	"	4200	24.80	*7.50*	12.40	*3.80*	49.60	*14.90*	24.80	*7.50*
31	4200	"	4400	25.60	*7.70*	12.80	*3.90*	51.20	*15.40*	25.60	*7.70*
32	4400	"	4600	26.40	*8.00*	13.20	*4.00*	52.80	*15.90*	26.40	*8.00*
33	4600	"	4800	27.20	*8.20*	13.60	*4.10*	54.40	*16.40*	27.20	*8.20*
34	4800	"	5000	28.00	*8.40*	14.00	*4.20*	56.00	*16.80*	28.00	*8.40*
35	5000	"	5200	28.80	*8.70*	14.40	*4.40*	57.60	*17.30*	28.80	*8.70*

36	5200	bis	5400	29.60	*8.90*	14.80	*4.50*	59.20	*17.80*	29.60	*8.90*
37	5400	„	5600	30.40	*9.20*	15.20	*4.60*	60.80	*18.30*	30.40	*9.20*
38	5600	„	5800	31.20	*9.40*	15.60	*4.70*	62.40	*18.80*	31.20	*9.40*
39	5800	„	6000	32.00	*9.60*	16.00	*4.80*	64.00	*19.20*	32.00	*9.60*
40	6000	„	6200	32.80	*9.90*	16.40	*5.00*	65.60	*19.70*	32.80	*9.90*
41	6200	„	6400	33.60	*10.10*	16.80	*5.10*	67.20	*20.20*	33.60	*10.10*
42	6400	„	6600	34.40	*10.40*	17.20	*5.20*	68.80	*20.70*	34.40	*10.40*
43	6600	„	6800	35.20	*10.60*	17.60	*5.30*	70.40	*21.20*	35.20	*10.60*
44	6800	„	7000	36.00	*10.80*	18.00	*5.40*	72.00	*21.60*	36.00	*10.80*
45	7000	„	7200	36.80	*11.10*	18.40	*5.60*	73.60	*22.10*	36.80	*11.10*
46	7200	„	7400	37.60	*11.30*	18.80	*5.70*	75.20	*22.60*	37.60	*11.30*
47	7400	„	7600	38.40	*11.60*	19.20	*5.80*	76.80	*23.10*	38.40	*11.60*
48	7600	„	7800	39.20	*11.80*	19.60	*5.90*	78.40	*23.60*	39.20	*11.80*
49	7800	„	8000	40.00	*12.00*	20.00	*6.00*	80.00	*24.00*	40.00	*12.00*
50	8000	„	8200	40.80	*12.30*	20.40	*6.20*	81.60	*24.50*	40.80	*12.30*
51	8200	„	8400	41.60	*12.50*	20.80	*6.30*	83.20	*25.00*	41.60	*12.50*
52	8400	„	8600	42.40	*12.80*	21.20	*6.40*	84.80	*25 50*	42.40	*12.80*
53	8600	„	8800	43 20	*13.00*	21.60	*6.50*	86.40	*26.00*	43.20	*13.00*
54	8800	„	9000	44.00	*13.20*	22.00	*6.60*	88.00	*26.40*	44.00	*13.20*
55	9000	„	9200	44.80	*13.50*	22.40	*6.80*	89.60	*26.90*	44.80	*13.50*
56	9200	„	9400	45 60	*13.70*	22.80	*6.90*	91.20	*27.40*	45.60	*13.70*
57	9400	„	9600	46.40	*14.00*	23.20	*7.00*	92.80	*27.90*	46.40	*14.00*
58	9600	„	9800	47.20	*14.20*	23.60	*7.10*	94.40	*28.40*	47.20	*14.20*
59	9800	„	10000	48.00	*14.40*	24.00	*7.20*	96.00	*28.80*	48.00	*14.40*
60	10000	„	10500	49.00	*14.70*	24.50	*7.40*	98.00	*29.40*	49.00	*14.70*

Nr.	Wertsklassen: Geldbetrag oder Papierwert			Empfang vom Auftraggeber zur Ablieferung an einen Dritten: Geld, Gebühr	Geld, Pauschsatz	Wertpapiere, Gebühr	Wertpapiere, Pauschsatz	Erhebung von einem Dritten zur Ablieferung an den Auftraggeber: Geld, Gebühr	Geld, Pauschsatz	Wertpapiere, Gebühr	Wertpapiere, Pauschsatz
1	2			3	4	5	6	7	8	9	10
	über ℳ		einschl. ℳ	ℳ	ℳ	ℳ	ℳ	ℳ	ℳ	ℳ	ℳ
61	10500	bis	11000	50.00	*15.00*	25.00	*7.50*	100.00	*30.00*	50.00	*15.00*
62	11000	„	11500	51.00	*15.30*	25.50	*7.70*	102.00	*30.60*	51.00	*15.30*
63	11500	„	12000	52.00	*15·60*	26.00	*7.80*	104.00	*31.20*	52.00	*15.60*
64	12000	„	12500	53.00	*15.90*	26.50	*8.00*	106.00	*31.80*	53.00	*15.90*
65	12500	„	13000	54.00	*16.20*	27.00	*8.10*	108.00	*32.40*	54.00	*16.20*
66	13000	„	13500	55.00	*16.50*	27.50	*8.30*	110.00	*33.00*	55.00	*16.50*
67	13500	„	14000	56.00	*16.80*	28.00	*8.40*	112.00	*33.60*	56.00	*16.80*
68	14000	„	14500	57.00	*17.10*	28.50	*8.60*	114.00	*34.20*	57.00	*17.10*
69	14500	„	15000	58.00	*17.40*	29.00	*8.70*	116.00	*34.80*	58.00	*17.40*
70	15000	„	15500	59 00	*17.70*	29.50	*8.90*	118.00	*35.40*	59.00	*17.70*
71	15500	„	16000	60.00	*18.00*	30.00	*9.00*	120.00	*36.00*	60.00	*18.00*
72	16000	„	16500	61.00	*18.30*	30.50	*9.20*	122.00	*36.60*	61.00	*18.30*
73	16500	„	17000	62.00	*18.60*	31 00	*9.30*	124.00	*37.20*	62.00	*18.60*
74	17000	„	17500	63.00	*18.90*	31.50	*9.50*	126.00	*37.80*	63.00	*18.90*
75	17500	„	18000	64.00	*19.20*	32.00	*9.60*	128.00	*38.40*	64.00	*19.20*
76	18000	„	18500	65.00	*19.50*	32.50	*9.80*	130.00	*39.00*	65.00	*19.50*
77	18500	„	19000	66.00	*19.80*	33.00	*9.90*	132.00	*39.60*	66.00	*19.80*

78	19000 bis	19500	67.00	*20.10*	33.50	*10.10*	134.00	*40.20*	67.00	*20.10*
79	19500 „	20000	68.00	*20.40*	34.00	*10.20*	136.00	*40.80*	68.00	*20.40*
	usw. für jede 500 M. steigend um		1.00	*0.30*	0.50	*0.10* oder *0.20*	2.00	*0.60*	1.00	*0.30*
	mithin									
	29500 bis	30000	88.00	*26.40*	44.00	*13.20*	176.00	*52.80*	88.00	*26.40*
	39500 „	40000	108.00	*32.40*	54.00	*16.20*	216.00	*64.80*	108.00	*32.40*
	49500 „	50000	128.00	*38.40*	64.00	*19.20*	256.00	*76.80*	128.00	*38.40*
	59500 „	60000	148.00	*44.40*	74.00	*22.20*	296.00	*88.80*	148.00	*44.40*
	69500 „	70000	168.00	*50.40*	84.00	*25.20*	336.00	*109.80*	168.00	*50.40*
	79500 „	80000	188.00	*56.40*	94.00	*28.20*	376.00	*112.80*	188.00	*56.40*
	89500 „	90000	208.00	*62.40*	104.00	*31.20*	416.00	*124.80*	208.00	*62.40*
	99500 „	100000	228.00	*68.40*	114.00	*34.20*	456.00	*136.80*	228.00	*68.40*
	199500 „	200000	428.00	*128.40*	214.00	*64.20*	856.00	*256.80*	428.00	*128.40*
	299500 „	300000	628.00	*188.40*	314.00	*94.20*	1256.00	*376.80*	628.00	*188.40*
	399500 „	400000	828.00	*248.40*	414.00	*124.20*	1656.00	*496.80*	828.00	*248.40*
	499500 „	500000	1028.00	*308.40*	514.00	*154.20*	2056.00	*616.80*	1028.00	*308.40*
	999500 „	1000000	2028.00	*608.40*	1014.00	*304.20*	4056.00	*1216.80*	2028.00	*608.40*
	Allgemein für Beiträge über 10000 M		28 M plus 2 pro Mille des Geldbetrags, auf volle M nach oben abgerundet	30% der Gebühr	14 M plus 1 pro Mille des Papierwerts, auf volle 50 ₰ nach oben abgerundet	30% der Gebühr	56 M plus 4 pro Mille des Geldbetrags, auf volle gerade Mk. nach oben abgerund.	30% der Gebühr	28 M plus 2 pro Mille des Papierwerts, auf volle Mk. nach oben abgerundet.	30% der Gebühr

G. Gerichtsgebühren nach dem Deutschen Gerichtskostengesetze.

Auf Grund der Novelle vom 29./6. 21.

$^{10}/_{10}$ = **GKG.** §§ 18, 20, 24 (Verhandlungs-, Beweis-, Entscheidungsgebühr).
$^{1}/_{10}$ = GKG. § 37 Nr. 2, §§ 38, 44, 46.
$^{2}/_{10}$ = GKG. §§ 35, 37 Nr. 1, §§ 41, 43.
$^{3}/_{10}$ = GKG. §§ 23 (vgl. aber auch § 23a), 27, 34, 36, 42, 45, 47 Abs. 2.
$^{5}/_{10}$ = GKG. §§ 22, 26, 29, 36, 42.
$^{6}/_{10}$ = § 25 (Urkunden-, Wechsel-, Scheckprozeß).

Berufungsinstanz 1½fache Gebühr: GKG. § 49.
Revisionsinstanz 2fache Gebühr: GKG. § 49.

Konkursverfahren

$^{1}/_{10}$ = GKG. § 53 Abs. 2, § 57.
$^{2}/_{10}$ = GKG. §§ 55, 58 Abs. 1 Satz 2.
$^{3}/_{10}$ = GKG. § 53 Abs. 1, §§ 54, 57, 58 Abs. 1 Satz 2.
$^{8}/_{10}$ = GKG. § 51 Nr. 5.
$^{10}/_{10}$ = GKG. §§ 54, 58 Abs. 1 Satz 1.
$^{13}/_{10}$ = GKG. § 51 Nr. 4.
$^{15}/_{10}$ = GKG. § 51 Nr. 3.
$^{18}/_{10}$ = GKG. § 51 Nr. 2.
$^{20}/_{10}$ = GKG. § 51 Nr. 1.

Pauschsätze werden nicht mehr erhoben.

Wertsklassen				Verhandlungs-, Beweis- und Entscheidungsgebühr					
				1. Instanz		2. Instanz		3. Instanz	
Nr.	Streitwert			Ordentl. Verfahren	Urkundenprozeß (§ 25)	Ordentl. Verfahren	Urkundenprozeß (§ 25)	Ordentl. Verfahren	Urkundenprozeß (§ 25)
1	2			3	4	5	6	7	8
	über ℳ		einschl. ℳ	ℳ	ℳ	ℳ	ℳ	ℳ	ℳ
1		bis	20	3.00	1.80	4.50	2.70	6.00	3.60
2	20	„	60	5.00	3.00	7.50	4.50	10.00	6.00
3	60	„	120	10.00	6.00	15.00	9.00	20.00	12.00
4	120	„	200	20.00	12.00	30.00	18.00	40.00	24.00
5	200	„	300	30.00	18.00	45.00	27.00	60.00	36.00
6	300	„	450	40.00	24.00	60.00	36.00	80.00	48.00
7	450	„	650	50.00	30.00	75.00	45,00	100.00	60.00
8	650	„	900	60.00	36.00	90.00	54.00	120.00	72.00
9	900	„	1200	70.00	42.00	105.00	63.00	140.00	84.00
10	1200	„	1600	85.00	51.00	127.50	76.50	170.00	102.00
11	1600	„	2100	100.00	60.00	150.00	90.00	200.00	120.00
12	2100	„	2700	115.00	69.00	172.50	103.50	230.00	138.00
13	2700	„	3400	130.00	78.00	195.00	117.00	260.00	156.00

Vgl. die Bemerkungen vor der Tabelle.

Wertsklassen				Verhandlungs-, Beweis- und Entscheidungsgebühr					
				1. Instanz		2. Instanz		3. Instanz	
Nr.	Streitwert			Ordentl. Verfahren	Urkunden-prozeß (§ 25)	Ordentl. Verfahren	Urkunden-prozeß (§ 25)	Ordentl. Verfahren	Urkunden-prozeß (§ 25)
1	2			3	4	5	6	7	8
	über *M*		einschl. *M*	*M*	*M*	*M*	*M*	*M*	*M*
14	3400	bis	4300	145.00	87.00	217.50	130.50	290.00	174.00
15	4300	"	5400	160.00	96.00	240.00	144.00	320.00	192.00
16	5400	"	6700	180.00	108.00	270.00	162.00	360.00	216.00
17	6700	"	8200	200.00	120.00	300.00	180.00	400.00	240.00
18	8200	"	10000	220.00	132.00	330.00	198.00	440.00	264.00
19	10000	"	12000	240.00	144.00	360.00	216.00	480.00	288.00
20	12000	"	14000	260.00	156.00	390.00	234.00	520.00	312.00
21	14000	"	16000	280.00	168.00	420.00	252.00	560.00	336.00
22	16000	"	18000	300.00	180.00	450.00	270.00	600.00	360.00
23	18000	"	20000	320.00	192.00	480.00	288.00	640.00	384.00
24	20000	"	22000	340.00	204.00	510.00	306.00	680.00	408.00
25	22000	"	24000	360.00	216.00	540.00	324.00	720.00	432.00
26	24000	"	26000	380.00	228.00	570.00	342.00	760.00	456.00
27	26000	"	28000	400.00	240.00	600.00	360.00	800.00	480.00
28	28000	"	30000	420.00	252.00	630.00	378.00	840.00	504.00

29	30000	bis	32000	440,00	264.00	660.00	396.00	880.00	528.00
30	32000	„	34000	460.00	276.00	690.00	414.00	920.00	552.00
31	34000	„	36000	480.00	288.00	720.00	432.00	960.00	576.00
32	36000	„	38000	500.00	300.00	750.00	450.00	1000.00	600.00
33	38000	„	40000	520.00	312.00	780.00	468.00	1040.00	624.00
34	40000	„	42000	540.00	324.00	810.00	486.00	1080.00	648.00
35	42000	„	44000	560.00	336.00	840.00	504.00	1120.00	672.00
36	44000	„	46000	580.00	348.00	870.00	522.00	1160.00	696.00
37	46000	„	48000	600.00	360.00	900.00	540.00	1200.00	720.00
38	48000	„	50000	620.00	372.00	930.00	558.00	1240.00	744.00
39	50000	„	52000	640.00	384.00	960.00	576.00	1280.00	768.00
40	52000	„	54000	660.00	396.00	990.00	594.00	1320.00	792.00
41	54000	„	56000	680.00	408.00	1020.00	612.00	1360.00	816.00
42	56000	„	58000	700.00	420.00	1050.00	630.00	1400.00	840.00
43	58000	„	60000	720.00	432.00	1080.00	648.00	1440.00	864.00
44	60000	„	62000	740.00	444.00	1110.00	666.00	1480.00	888.00
45	62000	„	64000	760.00	456.00	1140.00	684.00	1520.00	912.00
46	64000	„	66000	780.00	468.00	1170.00	702.00	1560.00	936.00
47	66000	„	68000	800.00	480.00	1200.00	720.00	1600.00	960.00
48	68000	„	70000	820.00	492.00	1230.00	738.00	1640.00	984.00
49	70000	„	72000	840.00	504.00	1260.00	756.00	1680.00	1008.00
50	72000	„	74000	860.00	516.00	1290.00	774.00	1720.00	1032.00
51	74000	„	76000	880.00	528.00	1320.00	792.00	1760.00	1056.00
52	76000	„	78000	900.00	540.00	1350.00	810.00	1800.00	1080.00
53	78000	„	80000	920.00	552.00	1380.00	828.00	1840.00	1104.00

Vgl. die Bemerkungen vor der Tabelle.

Wertsklassen				Verhandlungs-, Beweis- und Entscheidungsgebühr					
				1. Instanz		2. Instanz		3. Instanz	
Nr.	Streitwert			Ordentl. Verfahren	Urkunden-prozeß (§25)	Ordentl. Verfahren	Urkunden-prozeß (§ 25)	Ordentl. Verfahren	Urkunden-prozeß (§25)
1	2			3	4	5	6	7	8
	über: M		einschl. M	M	M	M	M	M	M
54	80000	bis	82000	940.00	564.00	1410.00	846.00	1880.00	1128.00
55	82000	„	84000	960.00	576.00	1440.00	864.00	1920.00	1152.00
56	84000	„	86000	980.00	588.00	1470.00	882.00	1960.00	1176.00
57	86000	„	88000	1000.00	600.00	1500.00	900.00	2000.00	1200.00
58	88000	„	90000	1020.00	612.00	1530.00	918.00	2040.00	1224.00
59	90000	„	92000	1040.00	624.00	1560.00	936.00	2080.00	1248.00
60	92000	„	94000	1060.00	636.00	1590.00	954.00	2120.00	1272.00
61	94000	„	96000	1080.00	648.00	1620.00	972.00	2160.00	1296.00
62	96000	„	98000	1100.00	660.00	1650.00	990.00	2200.00	1320.00
63	98000	„	100000	1120.00	672.00	1680.00	1008.00	2240.00	1344.00
64	100000	„	102000	1140.00	684.00	1710.00	1026.00	2280.00	1368.00
65	102000	„	104000	1160.00	696.00	1740.00	1044.00	2320.00	1392.00
66	104000	„	106000	1180.00	708.00	[illegible]70.00	1062.00	2360.00	1416.00
67	106000	„	108000	1200.00	720.00	1800.00	1080.00	2400.00	1440.00
68	108000	„	110000	1220.00	732.00	1830.00	1098.00	2440.00	1464.00

69	110000	bis	112000	1240.00	744.00	860.00	1116.00	2480.00	1488.00
70	112000	„	114000	1260.00	756.00	1890.00	1134.00	2520.00	1512.00
71	114000	„	116000	1280.00	768.00	1[illegible]20.00	1152.00	2560.00	1536.00
72	116000	„	118000	1300.00	780.00	1[illegible]0.00	1170.00	2600.00	1560.00
73	118000	„	120000	1320.00	792.00	19[illegible].00	1188.00	2640.00	1584.00
74	120000	„	122000	1340.00	804.00	2010.00	1206.00	2680.00	1608.00
75	122000	„	124000	1360.00	816.00	20[illegible]0.00	1224.00	2720.00	1632.00
76	124000	„	126000	1380.00	828.00	2070.00	1242.00	2760.00	1656.00
77	126000	„	128000	1400.00	840.00	2100.00	1260.00	2800.00	1680.00
78	128000	„	130000	1420.00	852.00	2130.00	1278.00	2840.00	1704.00
79	130000	„	132000	1440.00	864.00	2160.00	1296.00	2880.00	1728.00
80	132000	„	134000	1460.00	876.00	2190.00	1314.00	2920.00	1752.00
81	134000	„	136000	1480.00	888.00	2220.00	1332.00	2960.00	1776.00
82	136000	„	138000	1500.00	900.00	2250.00	1350.00	3000.00	1800.00
83	138000	„	140000	1520.00	912.00	2280.00	1368.00	3040.00	1824.00
84	140000	„	142000	1540.00	924.00	2310.00	1386.00	3080.00	1848.00
85	142000	„	144000	1560.00	936.00	2340.00	1404.00	3120.00	1872.00
86	144000	„	146000	1580.00	948.00	2370.00	1422.00	3160.00	1896.00
87	146000	„	148000	1600.00	960.00	2400.00	1440.00	3200.00	1920.00
88	148000	„	150000	1620.00	972.00	2430.00	1458.00	3240.00	1944.00
89	150000	„	152000	1640.00	984.00	2460.00	1476.00	3280.00	1968.00
90	152000	„	154000	1660.00	996.00	2490.00	1494.00	3320.00	1992.00
91	154000	„	156000	1680.00	1008.00	2520.00	1512.00	3360.00	2016.00
92	156000	„	158000	1700.00	1020.00	2550.00	1530.00	3400.00	2040.00
93	158000	„	160000	1720.00	1032.00	2580.00	1548.00	3440.00	2064.00

Vgl. die Bemerkungen vor der Tabelle.

Wertsklassen				Verhandlungs-, Beweis- und Entscheidungsgebühr					
				1. Instanz		2. Instanz		3. Instanz	
Nr.	Streitwert			Ordentl. Verfahren	Urkundenprozeß (§ 25)	Ordentl. Verfahren	Urkundenprozeß (§ 25)	Ordentl. Verfahren	Urkundenprozeß (§ 25)
1	2			3	4	5	6	7	8
	über ℳ		einschl. ℳ	ℳ	ℳ	ℳ	ℳ	ℳ	ℳ
94	160000	bis	162000	1740.00	1044.00	2610.00	1566.00	3480.00	2088.00
95	162000	„	164000	1760.00	1056.00	2640.00	1584.00	3520.00	2112.00
96	164000	„	166000	1780.00	1068.00	2670.00	1602.00	3560.00	2136.00
97	166000	„	168000	1800.00	1080.00	2700.00	1620.00	3600.00	2160.00
98	168000	„	170000	1820.00	1092.00	2730.00	1638.00	3640.00	2184.00
99	170000	„	172000	1840.00	1104.00	2760.00	1656.00	3680.00	2208.00
100	172000	„	174000	1860.00	1116.00	2790.00	1674.00	3720.00	2232.00
101	174000	„	176000	1880.00	1128.00	2820.00	1692.00	3760.00	2256.00
102	176000	„	178000	1900.00	1140.00	2850.00	1710.00	3800.00	2280.00
103	178000	„	180000	1920.00	1152.00	2880.00	1728.00	3840.00	2304.00
104	180000	„	182000	1940.00	1164.00	2910.00	1746.00	3880.00	2328.00
105	182000	„	184000	1960.00	1176.00	2940.00	1764.00	3920.00	2352.00
106	184000	„	186000	1980.00	1188.00	2970.00	1782.00	3960.00	2376.00
107	186000	„	188000	2000.00	1200.00	3000.00	1800.00	4000.00	2400.00
108	188000	„	190000	2020.00	1212.00	3030.00	1818.00	4040.00	2424.00

109	190000 bis 192000	2040.00	1224.00	3060.00	1836.00	4080.00	2448.00
110	192000 „ 194000	2060.00	1236.00	3090.00	1854.00	4120.00	2472.00
111	194000 „ 196000	2080.00	1248.00	3120.00	1872.00	4160.00	2496.00
112	196000 „ 198000	2100.00	1260.00	3150.00	1890.00	4200.00	2520.00
113	198000 „ 200000	2120.00	1272.00	3180.00	1908.00	4240.00	2544.00
	usw. von 2000 zu 2000 M. steigend um mithin	20.00	12.00	30.00	18.00	40.00	24.00
163	298000 bis 300000	3120.00	1872.00	4680.00	2808.00	6240.00	3744.00
213	398000 „ 400000	4120.00	2472.00	6180.00	3708.00	8240.00	4944.00
263	498000 „ 500000	5120.00	3072.00	7680.00	4608.00	10240.00	6144.00
313	598000 „ 600000	6120.00	3672.00	9180.00	5508.00	12240.00	7344.00
363	698000 „ 700000	7120.00	4272.00	10680.00	6408.00	14240.00	8544.00
413	798000 „ 800000	8120.00	4872.00	12180.00	7308.00	16240.00	9744.00
463	898000 „ 900000	9120.00	5472.00	13680.00	8208.00	18240.00	10944.00
513	998000 „ 1000000	10120.00	6072.00	15180.00	9108.00	20240.00	12144.00
	Allgemein: Betrag nach oben auf volle 2000 M. abgerundet	1 % plus 120 M	6 p./Mille plus 72 M	1½ % plus 180 M	9 p./Mille plus 108 M	2 % plus 240 M	12 p./Mille plus 144 M

Vgl. die Bemerkungen vor der Tabelle.

Mai 1922

Guttentagsche Sammlung

Deutscher Reichsgesetze

und

Preußischer Gesetze

Textausgaben mit Anmerkungen und Sachregister — Taschenformat

Gebunden

enthält alle wichtigeren Gesetze in absolut zuverlässigen Gesetzestexten und in mustergültiger, gemeinverständlicher Weise erläutert

Das am Schluß befindliche Schlagwortregister wird geneigter Beachtung empfohlen

Zu den mit * versehenen Preisen tritt noch ein Teuerungszuschlag des Verlages von 200 %.

Vereinigung wissenschaftlicher Verleger
Walter de Gruyter & Co.
vormals G. J. Göschen'sche Verlagshandlung — J. Guttentag, Verlagsbuchhandlung — Georg Reimer — Karl J. Trübner — Veit & Comp.
Berlin W 10, Genthiner Straße 38.

20 000. — V. 22.

Guttentagsche Sammlung

Deutscher Reichsgesetze.

Text-Ausgaben mit Anmerkungen. Taschenformat.

Nr. 1. **Verfassung des Deutschen Reichs.** Von Dr. **L. von Rönne. 10. Aufl.** von Landrat **P. v. Rönne** und Reg.-Assessor **v. Tobbeler. — 1912.** * 3,90 *M*

Neue Verfassung von 1919 siehe **Nr. 137.**

Nr. 2. **Strafgesetzbuch** für das Deutsche Reich nebst 20 der wichtigsten strafrechtl. Nebengesetze. Von Prof. Dr. **Fr. v. Liszt** und Prof. Dr. **E. Delaquis. 25. Aufl. — 1920.** 30,— *M*

Nr. 3. **Militärstrafgerichtsordnung** nebst Einführungsgesetz. Von Wirkl. Geh. Kriegsrat Dr. **A. Romen und** Kriegsgerichtsrat Dr. **E. Rissom. — 1918. 2. Aufl.** 35,— *M*

Nr. 4. **Handelsgesetzbuch vom 10. Mai 1897** unter Ausschluß des Seerechts. Von **Litthauer. 16. Aufl.** Herausgegeben von Geh. Justizrat Prof. Dr. **A. Mosse.** 8°. **— 1920.** 64,— *M*

Nr. 5. **Wechselordnung vom 3. Juni 1908.** Kommentar von Justizrat Dr. **J. Stranz** und Rechtsanwalt Dr. **M. Stranz.** Neue Auflage im Druck.

Nr. **5a. Wechselstempelgesetz** apart. **11. Aufl. — 1913.** * 2,35 *M*

Nr. 6. **Reichsgewerbeordnung** nebst Ausführungsbestimmungen. **20. Aufl.** von Dr. **Fr. Hiller** und Dr. **H. Luppe. — 1921.** 50,— *M*

Nr. 7. **Post- und Telegraphen-Gesetzgebung.** Nebst Weltpostvertrag und Internationalem Telegraphenvertrag. **6. Aufl.** von Geh. Ob.Postrat Dr. **M. König. — 1908.** * 5,85 *M*

Nr. 8. Die Reichsgesetze über den **Unterstützungswohnsitz, Freizügigkeit, Reichs- und Staatsangehörigkeit.** Von Geh. Rat Dr. **J. Krech. 9. Aufl. — 1922.** 58,— *M*

ein Teuerungszuschlag des Verlages von 200 %.

Guttentagsche Sammlung Deutscher Reichsgesetze.

Nr. 9. Sammlung **kleinerer strafrechtlicher Reichsgesetze.** Von Prof. Dr. **R. H. Kriegsmann. 3. Aufl. — 1910.** 20,— *M*

Nr. **10.** Das **Reichsbeamtengesetz** vom 31. März 1873. Von **J. Pieper. 2. Aufl. — 1901.** * 6,50 *M*

Reichsbeamtengesetz von **1907** siehe Nr. **82.**

Nr. **11. Zivilprozeßordnung mit Gerichtsverfassungsgesetz.** Von **R. Sydow.** Fortgeführt von Reichsgerichtsrat **L. Busch** und Landgerichtsrat Dr. **Krantz. 17. Aufl.** Gr. 8°. — **1922.**

Im Druck.

Nr. **12. Strafprozeßordnung und Gerichtsverfassungsgesetz** nebst den Gesetzen, betr. die Entschädigung der im Wiederaufnahmeverfahren freigesprochenen Personen und die Entschädigung für unschuldig erlittene Untersuchungshaft. **19. Aufl.,** bearbeitet von Prof. Dr. **Kohlrausch. — 1922.** 65,— *M*

Nr. **13. Konkursordnung und Anfechtungsgesetz.** Von **R. Sydow.** Fortgeführt von **L. Busch. 12. Aufl. — 1916.** 25,— *M*

Nr. **14. Gerichtsverfassungsgesetz** mit Einführungsgesetz. Herausgegeben von **R. Sydow.** Fortgeführt von **L. Busch. 10. Aufl. — 1905.** In Bearbeitung.

Nr. **15. Das Deutsche Gerichtskostengesetz** nebst den Gebührenordnungen für Gerichtsvollzieher, Zeugen und Sachverständige. Von **R. Sydow.** Fortgeführt von Reichsgerichtsrat **L. Busch** und Amtsrichter **Koehler. 10. Aufl. — 1920.** Mit Nachtrag, enthaltend die Änderungen von 1921. 24,— *M*

Nr. **16. Rechtsanwaltsordnung.** Von **R. Sydow. 5. Aufl.** von Justizrat **M. Jacobsohn.** Mit Nachtrag, enth. die Bestimmungen vom 22. Mai 1910. — **1907.** 7,50 *M*

Nr. **17. Die Deutsche Gebührenordnung für Rechtsanwälte und das Preußische Gebührengesetz** vom 27. IX. / 6. X. 1899. Von **R. Sydow.** Fortgeführt von **L. Busch. 12. Aufl. — 1922.**

Im Druck.

Guttentagsche Sammlung Deutscher Reichsgesetze.

Nr. 18. **Reichsstempelgesetz** vom 3. Juli 1913. (Börsen-, Lotterie-, Frachturkunden-, Fahrkarten-, Kraftfahrzeug-, Tantieme-, Scheck- und Grundstücksübertragungssteuer.) Mit den gesamten Ausführungsbestimmungen. Von Geh. Reg.Rat **P. Loeck.** 8°. **12. Aufl. — 1914.** Vergriffen.
Neue Auflage unter Berücksichtigung der inzwischen ergangenen Abänderungsbestimmungen befindet sich in Vorbereitung.
Siehe auch Nr. **131 b.**

Nr. 19. Die **Seegesetzgebung.** Von Dr. **W. E. Knitschky. 5. Aufl.** bearbeitet von Ober-L.G.Rat **O. Rudorff. — 1913.** 44,— *M*

Nr. 20. **Krankenversicherungsgesetz (1883).** Von weil. Dr. **E. von Woedtke.** — Neue Fassung **(1911)** siehe **Nr. 107.**

Nr. 21. Die **Konsulargesetzgebung. Von** Prof. Dr. **Ph. Zorn. 3. Aufl.** von Dr. **A. Zorn. — 1911.** 25,— *M*

Nr. 22. **Patentgesetz.** Nebst Ausführungsbestimmungen, völkerrechtlichen Verträgen und der Patentanwalts-Ordnung. Von **R. Lutter,** Geh. Reg.Rat im Reichs-Patentamt. **8. Aufl. — 1920.** 45,— *M*

(Kriegsvorschriften auf dem Gebiete des gewerblichen Rechtsschutzes. Von **R. Lutter. — 1917.** 8°. 12,50 *M*.)

Nr. 23. **Gewerbe-Unfallversicherungsgesetz. (1884.)** Von weil. Dr. **E. v. Woedtke.** — Neue Fassung **(1911)** siehe **Nr. 108.**

Nr. 24. **Aktiengesellschaft und Kommanditgesellschaften auf Aktien.** Von Dr. **H. Keyßner** und Dr. **H. Veit Simon. 7. Aufl.** von Amtsrichter **L. Keyßner. — 1922.** In Bearbeitung.

Nr. 25. **Brausteuergesetz** vom 15. Juli 1909. Von Oberzollrevisor **A. Düffe. 2. Aufl. — 1910.** *4,40 *M*

Nr. 26. Die Reichsgesetzgebung über **Münz- und Notenbankwesen,** Papiergeld, Prämienpapiere und Reichsschulden. Von Dr. **R. Koch. — 6. Aufl. 1910.** Vergriffen.
Neue Auflage in Bearbeitung.

Nr. 27. **Gesundheitswesen im Deutschen Reich.** Von Dr. jur. **E. Goesch** und Dr. med. **J. Karsten. — 1888.** *2,60 *M*

ein Teuerungszuschlag des Verlages von 200 %

Guttentagsche Sammlung Deutscher Reichsgesetze.

Nr. **28. Bau-Unfallversicherungsgesetz.** Vom 30. Juni 1900 Von **R. Chrzescinski.** Neue Fassung **(1911)** siehe Nr. **108.**

Nr. **29. Erwerbs- und Wirtschaftsgenossenschaften.** Von **L. Parisius** und Dr. **H. Crüger. 16., neubearbeitete Aufl.** von Dr. **H. Crüger. — 1920.** 18,— *M*

Nr. **30. Invalidenversicherungsgesetz** (1899). Von weil. Dr. **E. v. Woedtke.** Neue Fassung **(1911)** siehe Nr. **109.**

Nr. **31. Gewerbegerichtsgesetz.** Von Stadtrat **L. Mugdan. 7. Aufl.** bearbeitet von Oberbürgermeister **W. Cuno. — 1911.** * 3,65 *M*

Nr. **32.** Reichsgesetz, **betr. die Gesellschaften mit beschränkter Haftung.** Von **L. Parisius** und Dr. **H. Crüger. 15. Aufl.** von Dr. **H. Crüger. — 1921.** 12,— *M*

Nr. **33. Vereins- und Versammlungsrecht.** Von Dr. **E. Ball. 2. Aufl. von** Dr. **F. Friedenthal. — 1907.** * 3,65 *M*

Reichs-Vereinsgesetz vom 19. April 1908 siehe **Nr. 88.**

Nr. 34. Die **Abzahlungsgeschäfte.** Gesetz vom 16. Mai 1894. **3. Aufl.** von Land-G.Rat Dr. **E. Wilke. — 1910.** * 2,10 *M*

Nr. **35.** Die **Reichs-Eisenbahngesetzgebung.** Von Amtsrichter **W. Coermann. — 1895.** * 3,40 *M*

Siehe auch Nr. **66.**

Nr. 36. Gesetze, betr. die **privatrechtlichen Verhältnisse der Binnenschiffahrt und der Flößerei.** Von Geh. Justizrat **E. Löwe. 5. Aufl. — 1915.** * 5,20 *M*

Nr. **37.** Gesetz gegen den **unlauteren Wettbewerb.** Von Justizrat **A. Pinner. 7. Aufl.** von Dr **A. Elster. — 1921.** 12,— *M*

Nr. **38/39. Bürgerliches Gesetzbuch nebst Einführungsgesetz** von Dr. **A. Achilles.** In Verbindung mit Prof. Dr. **André,** Senatspräsident **Meyer,** Reichs-G.Rat Dr. **Strecker,** Staatsrat Dr. **v. Unzner** herausgegeben von Wirkl. Geh. Ob.J.Rat und Ober-L.G.-Präsident **Greiff. 10., unveränderte Aufl.** 190,— *M*

Einzelverkauf. Nachtrag zur 8. Auflage: **Bestimmungen über das Erbbaurecht** v. 15. Januar 1919. **— 1919.** * —,80 *M*

Guttentagsche Sammlung Deutscher Reichsgesetze.

Nr. **40.** Gesetz, betr. die **Pflichten der Kaufleute bei Aufbewahrung fremder Wertpapiere [Depotgesetz].** Von Min.Dir. **F. Lusensky.** **3. Aufl. — 1910.** 9,— *M*

Nr. **41.** **Börsengesetz.** Von **Th. Hemptenmacher.** **3. Aufl.** von Syndikus **O. Meyer. — 1915.** 20,— *M*

Nr. **42.** **Grundbuchordnung** nebst preuß. Ausf.-Best. Von Prof. Dr. **O. Fischer.** **7. Aufl. — 1920.** 16,— *M*

Nr. **43.** **Zwangsvollstreckung in das unbewegliche Vermögen** im Reiche und in Preußen. Kosten- und Gebührentabellen. Von Dr. **J. Krech** und Dr. **O. Fischer.** **8. Aufl.** bearbeitet von Prof. Dr. **O. Fischer. — 1916.** * 3,90 *M*

Nr. **44.** Das Reichsgesetz über **das Auswanderungswesen.** Von Prof. Dr. **F. Stoerk. — 1899.** * 3,25 *M*

Nr. **45.** Das **Entmündigungsrecht** mit den für Preußen geltenden Vorschriften nebst Just.-Min.-Verfügung vom 28. Nov. 1899. Von Land-G.Rat Dr. **P. Koll. — 1900.** * 2,35 *M*

Nr. **46.** Die Gesetze des Reiches und Preußens über die **freiwillige Gerichtsbarkeit.** Von Amts-G.Rat **H. Jastrow.** **6. Aufl.** von Land-G.Rat Dr. **Herm. Günther. — 1921.** 36,— *M*

Nr. **47.** Das **deutsche Vormundschaftsrecht** und das preuß. Gesetz über die Fürsorgeerziehung Minderjähriger. Von Ober-Verw.G.Rat **M. Schultzenstein** und Amts-G.Rat Dr. **P. Köhne.** **2. Aufl. — 1901.** * 4,40 *M*

Nr. **48.** Gesetze, betr. den **Drogen-, Gift- und Farbenhandel** außerhalb der Apotheken. Von Dr. **J. Broh. — 1899.** * 1,95 *M*

Nr. **49.** Deutsche **Kolonialgesetzgebung.** Von Geh. J.Rat Prof. Dr. **Ph. Zorn.** **2. Aufl.** von Gerichtsassessor Dr. **Sassen. — 1913.** * 10,40 *M*

Nr. **50.** Der **Viehkauf [Viehgewährschaft] nach dem BGB.** Verordnung betr. die Hauptmängel und Gewährsfristen beim Viehhandel. Von Rechtsanwalt Dr. **H. Stölzle** und Reg.- und Vet.Rat **H. Weiskopf.** **5. Aufl. — 1913.** 25,— *M*

ein Teuerungszuschlag des Verlages von 200 %.

Guttentagsche Sammlung Deutscher Reichsgesetze.

Nr. **51.** **Hypothekenbankgesetz** vom 13. Juli 1899. Von Dr. **H. Göppert. 2. Aufl.** bearbeitet von Geh. Reg.Rat Dr. **Seidel. — 1911.** 10,50 *M*

Nr. **52.** Gesetz, betr. die gemeinsamen **Rechte der Besitzer von Schuldverschreibungen.** Von Dr. **H. Göppert. 2. Aufl.** bearbeitet von Amtsrichter Dr. **E. Trendelenburg. — 1915.** 9,— *M*

Nr. **53.** **Reichspreßgesetz** vom 7. Mai 1874. Mit Kommentar von Bürgermeister **A. Born. 2. Aufl. — 1911.** 10,— *M*

Nr. **54.** Verkehr mit **Nahrungsmitteln, Genußmitteln** und **Gebrauchsgegenständen.** Von Dr. **G. Lebbin,** Nahrungsmittelchemiker in Berlin **— 1900.** * 3,25 *M*

Nr. **55.** Das Recht der **Beschlagnahme von Lohn- und Gehaltsforderungen.** Von Justizrat **G. Meyer. 5. Aufl. — 1914.** Mit Nachtrag, enthaltend Verordnung über Lohnpfändung vom 10. August 1920. 15,— *M*

Nachtrag allein. 4,— *M*

Nr. **56.** Gesetz, betr. die **Bekämpfung gemeingefährlicher Krankheiten.** Nebst Ausführungsbestimmungen. Von Reg.Rat Dr. **B. Burkhardt. — 1900.** * 2,10 *M*

Nr. **57.** **See-Unfallversicherungsgesetz (1887).** Von Ober-L.G.Rat Dr. **M. Mittelstein.** — Neue Fassung **1911** siehe Nr. **108.**

Nr. **58.** **Das Recht der unehelichen Kinder nach dem BGB.** Von Amtsgerichtsrat **H. Jastrow. — 1901.** * 2,60 *M*

Nr. **59.** Reichsgesetz über die **Beurkundung des Personenstandes und die Eheschließung.** Von Amtsgerichtsrat Dr. **F. Fidler. 2. Aufl. — 1912.** 12,— *M*

Nr. **60.** Gesetz, betr. das **Urheberrecht an Werken der Literatur und der Tonkunst.** Von Geh. Ob.J.Rat **O. Lindemann. 4. Aufl. — 1921.** 21,— *M*

Nr. **61.** Gesetz über das **Verlagsrecht.** Von Rechtsanwalt Dr. **B. Marwitz. 2. Aufl. — 1911.** 9,— *M*

Nr. **62.** **Gesetz über private Versicherungsunternehmungen.** Von Reichs-G.Rat **H. Könige. 2. Aufl. — 1910.** * 5,85 *M*

Guttentagsche Sammlung Deutscher Reichsgesetze.

Nr. 63. **Gesetzestafel des Deutschen Reichsrechts.** Systematisch geordnete Nachweisung des z. Z. geltenden Reichsrechts. Von **H. Bruhns. 2. Aufl. — 1913.** * 5,20 ℳ

Nr. 64. Gesetzsammlung betr. den **Handel mit Drogen und Giften.** Mit Anhang: landesgesetzliche Verordnungen sämtlicher Bundesstaaten. Von Rechtsanwalt **H. Sonnenfeld,** Syndikus der Berliner Drogisten-Innung. **2. Aufl. — 1912.** * 5,85 ℳ

Nr. 65. Das **Weingesetz** in der Fassung von 1909. Mit Ausführungsbestimmungen von Dr. **G. Lebbin,** Nahrungsmittelchemiker. **2. Aufl. — 1909.** * 3,65 ℳ

Nr. 66. Die **Eisenbahn-Gesetzgebung.** Von **W. Pietsch,** Rechnungsrat im Reichseisenbahnamt. **2. Aufl. — 1913.** * 5,20 ℳ

Nr. 67. **Militär-Strafgesetzbuch für das Deutsche Reich.** Von Wirkl. Geh. Kriegsrat Dr. **A. Romen** und Kriegsgerichtsrat Dr. **C. Rissom. 3. Aufl. — 1918.** 35,— ℳ

Nr. 68. Das **Fleischbeschaugesetz.** Vom 3. Juni 1900. Von Dr. **G. Lebbin** und Dr. **G. Baum. — 1903.** * 5,85 ℳ

Nr. 69. Reichsgesetz über die **Naturalleistungen der bewaffneten Macht im Frieden** nebst den preußischen Bestimmungen. Von Dr. **W. v. Hippel. — 1903.** * 2,10 ℳ

Nr. 70. Das **Reichs-Haftpflichtgesetz** vom 7. Juni 1871. Von Reg.Rat Dr. **G. Eger. — 1903.** Vergriffen.
(Kommentar von **Seligsohn. — 1920.** 20,— ℳ.)

Nr. 71. Gesetz betr. **Kinderarbeit in gewerblichen Betrieben** vom 30. März 1903. Von Ober-Verw.G.Rat **H. Spangenberg. 2. Aufl. — 1904.** * 2,35 ℳ

Nr. 72. **Unfallversicherungsgesetz für Land- und Forstwirtschaft.** (1886.) Von weil. Dr. **E. v. Woedtke.** Siehe Nr. **103.**

Nr. 73. **Entschädigung für unschuldig erlittene Verhaftung und Bestrafung.** Anhang: Nebengesetze über Schadensersatz. Von Wirkl. Geh. Kriegsrat Dr. **A. Romen. — 1904.** * 3,10 ℳ

ein Teuerungszuschlag des Verlages von 200 %.

Guttentagsche Sammlung Deutscher Reichsgesetze.

Nr. 74. Die **Kaufmannsgerichte** nebst Ausführungsbestimmungen. Von Prof. Dr. **M. Apt. 3. Aufl. — 1904.** * 3,10 M

Siehe auch Nr. **112.**

Nr. 75. Reichsgesetz über die **Konsulargerichtsbarkeit.** Von Rechtsanwalt Dr. **A. F. Vorwerk,** Schanghai. **2. Ausgabe,** mit den Schutzgebietsgesetzen. — **1908.** * 3,10 M

Nr. 76. **Die Rechtshilfe im Verkehr mit den ordentlichen Gerichten** nach deutschem Reichsrecht. Von Landrichter Dr. **A. Friedländer. — 1906.** * 2,60 M

Nr. 77. **Das Erbschaftssteuergesetz.** Vom 10. September 1919. Von Oberzollsekretär **B. Henckel. — 1920.** 56,— M

Nr. 78. **Zigarettensteuergesetz.** Vom 3. Juni 1906. Von Regierungsassessor Dr. **Cuno.** In Vorbereitung.

Nr. 79. **Die Militärpensionsgesetze** vom 31. Mai 1906 nebst Ausführungsbestimmungen. Zum Gebrauch für Heer, Marine und Schutztruppe von Wirkl. Geh. Kriegsrat Dr. **A. Romen.**

a) I. Teil: **Offizierpensionsgesetz. — 1907.** * 4,95 M

b) II. Teil: **Mannschaftsversorgungsgesetz** mit Nachtrag, enth. **Kapitalabfindungsgesetz** vom 3. Juli 1916. — **1908.** * 4,95 M

Militärversorgungsgesetze siehe auch Nr. **136.**

Nr. 80. Reichsgesetzgebung über **gerichtliche Registerführung.** Von Geh. Ob.J.Rat **O. Lindemann. — 1906.** * 4,40 M

Nr. 81. **Urheberrecht an Werken der bildenden Künste und der Photographie.** Von Rechtsanwalt Dr. **L. Fuld. — 1907.** Vergriffen. — Neue Auflage im Druck..

Nr. 82. **Reichsbeamtengesetz** vom 18. Mai 1907 mit Ergänzungen von Geh.Rat Prof. Dr. **A. Arndt. 2. Aufl. — 1921.** 24,— M

Nr. 83. Reichsgesetz über den **Versicherungsvertrag** nebst Einführungsgesetz. Von Dr. **P. Hager** und Dr. **E. Bruck. 4. verm. u. verb. Aufl. — 1920.** 60,— M

Nr. 84. **Sammlung kleinerer privatrechtlicher Reichsgesetze.** Von Ober-L.G.Rat **E. Müller. — 1908.** 30,— M

Guttentagsche Sammlung Deutscher Reichsgesetze.

Nr. **85. Scheckgesetz.** Von Prof. Dr. **M. Apt.** Vergriffen. Siehe Nr. **113.**

Nr. **86. Die Auslieferungsverträge des Deutschen Reiches.** Von Landrichter Dr. **A. Cohn.** — **1908.** * 5,85 *M*

Nr. **87.** Gesetz zum **Schutz der Warenbezeichnungen.** Von Geh. Reg.Rat, Mitgl. des Kaiserl. Patentamts Dr. **Freund** und Rechtsanwalt **Magnus. 5. Aufl.** — **1909.** Vergriffen. Neue Auflage in Vorbereitung.

Nr. **88. Vereinsgesetz** vom 19. April 1908. Von Wirkl. Geh. Kriegsrat Dr. **A. Romen.** Mit den **Bestimmungen über Jugendliche und Gewerkschaften. 4. Aufl.** — **1916.** 15,— *M*

Nr. **89. Vogelschutzgesetz** vom 30. Mai 1908 nebst den das Flugwild betr. Bestimmungen der Preuß. Jagdordnung. Von Dr. **L. v. Boxberger.** — **1909.** 8,— *M*

Nr. **90.** Die Haager Abkommen über das **Internationale Privatrecht.** Von Dr. **G. Bogeng.** — **1908.** 9,— *M*

Nr. **91. Eisenbahn-Verkehrsordnung** mit Ausführungsbestimmungen. Von Reg.-Rat Dr. **E. Blume. 2. Aufl.** von Geh. Reg.Rat Dr. **Weirauch.** — **1922.** 90,— *M*

Nr. **92.** Gesetz, betr. den **Verkehr mit Kraftfahrzeugen.** Von Amtsgerichtsrat **R. Kirchner. 3. Aufl.** — **1915.** 27,— *M*

Nr. **93.** Gesetz über die **Sicherung der Bauforderungen.** Von Justizrat Dr. **E. Harnier. 3. Aufl.** — **1912.** * 2,35 *M*

Nr. **94. Die Beamtenhaftpflichtgesetze des Reiches und der Länder.** Von Geh. Justizrat Dr. **H. Delius. 3. Aufl.** — **1921.** 32,— *M*

Nr. **95.** Die Berner Übereinkunft über **Internationales Urheberrecht.** Von Geh.Rat Dr. **H. Dungs.** — **1910.** 8,— *M*

Nr. **96. Branntweinsteuergesetz** vom 15. Juli 1909 mit den für das Reich erlassenen Ausf.-Bestimmungen und Kriegsverordnungen. **2. Aufl.,** bearbeitet von Reg.Assessor Dr. **K. Kniebe,** Hilfsarbeiter im Reichsamt des Innern. — **1916.** * 5,20 *M*

Branntweinmonopolgesetz siehe Nr. **131 a.**

ein Teuerungszuschlag des Verlages von 200 %.

Guttentagsche Sammlung Deutscher Reichsgesetze.

Nr. **97.** **Schutzgebietsgesetz** nebst dem G. über die Konsulargerichtsbarkeit sowie den Ausf.-Bestimmungen. Von **J. Gerstmeyer,** Wirkl. Legationsrat. — **1910.** * 4,40 M

Nr. **98.** **Sechs Haager Abkommen** über **Internationales Privatrecht.** Von Geh.Rat Dr. **Dungs.** — **1910.** 9,— M

Nr. **99.** **Die Abkommen der Haager Friedenskonferenz.** Von Dr. **H. Wehberg.** — **1910.** Vergriffen.

Neue Auflage unter dem Titel: **„Wehberg, Völkerbundakte".** (Außerhalb der Sammlung.) 14,— M

Nr. **100.** Gesetz über den **Absatz von Kalisalzen.** Von Geh. Bergrat **B. Voelkel.** — **1910.** * 3,40 M

Nr. **101.** **Zuwachssteuergesetz** vom 14. Februar 1911. Von Geh. Reg.Rat Dr. **W. Cuno.** — **1911.** * 5,20 M

Nr. **102.** **Urheberrecht an Mustern und Modellen** und Ges. betr. Schutz von **Gebrauchsmustern.** Von Reg.Rat **J. Neuberg,** Mitgl. d. Patentamts. — **1911.** 12,— M

Nr. **103.** **Reichs-Viehseuchengesetz** vom 26. Juni 1909 nebst Ausführungsvorschriften und dem preuß. Ausführungsgesetz. Von Landrat Dr. **W. v. Hippel. 2. Aufl.** — **1912.** * 6,50 M

Nr. **104.** **Versicherungsgesetz für Angestellte.** Von **O. Bernstein** und Dr. **J. Kupferberg. 2. Aufl.** — **1912.** Vergriffen. (Siehe auch Nr. **144.**)

Nr. **105.** **Das Geldwesen in den deutschen Schutzgebieten.** Von **W. Hintze,** Geh. Sekr. im Reichskolonialamt. — **1912.** * 2,90 M

Nr. **106—109.** **Reichs-Versicherungsordnung nebst Einführungsgesetz.** Herausgegeben von Direktor Dr. **F. Caspar** und Geh. Ob.Reg.Rat **A. Spielhagen. 4 Bände.**

Nr. **106.** I., V. und VI. Buch. **Gemeinsame Vorschriften. — Beziehungen der Versicherungsträger zu einander und zu anderen Verpflichteten. — Verfahren.** Von Dr. **K. Lippmann,** Senatspräsident im Reichs-Vers.Amt, Dr. **L. Laß** und **H. Siefart.** — **1913.** Mit Nachtrag, enthaltend Ergänzungen zum I. und VI. Buch. Von Dr. **K. Lippmann.** — **1920.** 36,— M

Nachtrag einzeln. 4,— M

Guttentagsche Sammlung Deutscher Reichsgesetze.

Nr. **107.** II. Buch. **Krankenversicherung.** Von Geh. Reg.-Rat **H. Siefart** und Reg.Rat Dr. **F. Sitzler.** — **1916.** Mit Nachtrag, enthaltend Ergänzungen zum II. Buch. Bearbeitet von Dr. **K. Lippmann.** — **1920.** 45,— M

Nachtrag einzeln. 12,— M

Nr. **108.** III. Buch. **Unfallversicherung.** Von **A. Radtke,** Senatspräsident im R.Vers.Amt. — **1913.** Mit Nachtrag, enthaltend Ergänzungen zum III. Buch. Bearbeitet von **A. Radtke.** — **1921.** 56,— M

Nachtrag einzeln. 16,— M

Nr. **109.** IV. Buch. **Invaliden- und Hinterbliebenenversicherung.** Von Geh. Ob.Reg.Rat **B. Jaup** und **H. Follmann,** Senatspräsident im R.Vers.Amt. — **1912.** Mit Nachtrag, enthaltend die Ergänzungen 1914—1916. 28,— M

Nr. **110.** **Wehrbeitragsgesetz** mit Ausf.-Bestimmungen. Von Wirkl. Geh. Ob.Fin.Rat **A. Fernow.** **2. Aufl.** — **1913.** * 2,90 M

Nr. **111.** **Reichs- und Staatsangehörigkeitsgesetz.** Von Wirkl. Geh. Kriegsrat Dr. **A. Romen.** — **1913.** * 3,25 M

Nr. **112.** **Kaufmannsgerichtsgesetz** mit Best. des Gewerbegerichtsgesetzes. Von Dr. **H. Depène,** Vors. des Kaufmannsgerichts zu Berlin. — **1914.** 13,— M

Nr. **113.** **Postscheckgesetz.** Von Oberpostinspektor **J. Weiland.** — **1914.** Mit Nachtrag **1918.** * 2,35 M

Nr. **113 a.** **Postscheckordnung** mit Ausführungsbestimmungen. Von **J. Weiland.** — **1914.** Mit Nachtrag **1918.** * 2,35 M

Nr. **114.** **Waffengebrauch und Festnahmerecht des Militärs.** Von Wirkl. Geh. Kriegsrat Dr. **A. Romen** und Kriegsgerichtsrat Dr. **C. Rissom.** — **1914.** * 2,90 M

Nr. **115.** **Das vertragliche Wettbewerbsverbot [Konkurrenzklausel].** Nebst Kommentar zum G. v. 10. Juni 1914. Von Rechtsanwalt Dr. **G. Baum.** — **1914.** 13,— M

Nr. **116.** **Kriegs-Zivil- und Finanzgesetze** vom 4. Aug. 1914 und die dazu erlassenen Verordnungen und Bekanntmachungen. **3. Aufl.** — **1915.** * 3,40 M

Nr. **116 a.** Zweite Folge: Das Jahr 1915. — **1916.** Siehe auch Nr. **129.** * 2,90 M

ein Teuerungszuschlag des Verlages von 200 %.

Guttentagsche Sammlung Deutscher Reichsgesetze.

Nr. 117. **Darlehnskassengesetz.** Von Rechtsanwalt **Salomon** und Bankvorsteher **Bud.** — **1915.** * 2,90 M

Nr. 118. **Militärhinterbliebenengesetz.** Von Rechnungsrat **Reh.** Mit Nachtrag, enth. das **Kapitalabfindungsgesetz** vom 11. Juli 1916. — **1915.** — (Siehe auch Nr. **136.**) * 3,65 M

Nr. 119. **Kriegsleistungsgesetz.** Von Rechtsanwälten J.Rat **Heilberg** und **Schäffer.** — **1915.** Vergriffen.

Nr. 120. **Telegraphenwegegesetz.** Von Postreferendar **Wolf.** — **1916.** * 2,35 M

Nr. 121. **Direkte Kriegssteuer.** Gesetze z. Besteuerung der Kriegsgewinne. Von Ob.Verw.Gerichtsrat **A. Mrozek.** — **1916.** *5,85 M

Nr. 122. **Gesetz über den Belagerungszustand.** - Von Kriegsgerichtsrat Dr. **H. Pürschel.** — **1916.** * 6,50 M

Nr. 123. **Warenumsatzstempel.** Von Geh. Ober-Justizrat **Lindemann.** — **1916.** * 3,25 M

Umsatzsteuergesetze — **1918 und 1919.** Siehe Nr. **132.** — (Ausgabe ohne Anmerkung S. 22.)

Nr. 124. **Todeserklärung Kriegsverschollener.** Von Prof. Dr. **J. Partsch.** — **1916.** * 3,90 M

Nr. 125. Das Gesetz über den **vaterländischen Hilfsdienst. 3. vermehrte Aufl.** — **1917.** * 1,50 M

Nr. 126. **Besitzsteuergesetz** mit Ausführungsbestimmungen. Von Ob.Verw.Gerichtsrat **A. Mrozek.** — **1917.** 16,— M

Nr. 127. Verordnung über die **Geschäftsaufsicht zur Abwendung des Konkurses** vom 14. Dez. 1916. Von Rechtsanwalt **G. Klien,** mit system. Einleitung von Geh. Hofrat Dr. **Ernst Jaeger,** ord. Prof. a. d. Universität Leipzig. — **1917.** 9,— M

Nr. 128. Gesetz, betr. die **Verhaftung und Aufenthaltsbeschränkung,** vom 4. Dez. 1916. Nebst Anhang, betr. Entschädigung unschuldig Verhafteter. Von Wirkl. Geh. Kriegsrat Dr. **A. Romen.** — **1917.** * 2,50 M

Nr. 129. Kriegsgesetze auf dem Gebiete des **Zivil- und Prozeßrechtes,** für die gerichtliche Praxis zusammengestellt von Amtsrichter Dr. **Johannes Fischer.** — **1918.** * 4,— M

Zu den mit * versehenen Preisen tritt noch

Guttentagsche Sammlung Deutscher Reichsgesetze.

Nr. **130. Ersatzlebensmittelverordnung** nebst Ausf.-Vorschr. des Reichs und der wichtigsten Bundesstaaten. Verordnungen über **Schleichhandel, Preistreiberei und Papierhandel.** Von **Heinz Emil Wendel,** Polizeirat in Berlin. — **1918.** * 2,— M

Nr. **131 a. Reichsfinanzgesetzgebung 1918.** Bd. I. **Getränkesteuern** (Bier, Branntwein, Wein, Schaumwein, Limonaden). Von Dr. **G. Mayer.** — **1918.** * 6,50 M

Nr. **131 b. Reichsfinanzgesetzgebung 1918.** Bd. II. **Abgabe vom Einkommen, Stempel, Umsatz, Kriegsgewinn** usw., **Steuerflucht.** Von Dr. **G. Mayer.** — **1919.** * 4,— M

Nr. **132. Umsatzsteuergesetz** und Ausführungsbestimmungen. Von Geh. Ober-Justizrat **Otto Lindemann,** vortr. Rat im Justizministerium. **2. Aufl.** — **1920.** 48,— M

Nr. **133. Reichswuchergesetzgebung.** Von Reichsgerichtsrat Dr. **Ad. Lobe.** — **1918.** * 6,50 M

Nr. **134. Die Friedensverträge.** Von Dr. **Karl Strupp.** I. **Die Ostfrieden.** — **1918.** * 12,— M

Nr. **135.** Verordnung über das **Erbbaurecht.** Von Land-G.Rat Dr. **Hermann Günther.** — **1919.** * 5,— M

Nr. **136. Militärversorgungsgesetze.** Von Landrichter Dr. **Hermann Günther.** — **1919.** * 6,50 M

Nr. **137. Die neue Verfassung des Deutschen Reiches.** Von Prof. Dr. **A. Arndt. 2. Aufl.** — **1921.** 24,— M

Nr. **138 a. Arbeiterschutz und Arbeitsrecht.** Von Prof. Dr. **A. Günther.** — **1920.** 40,— M

Nr. **138 b. Betriebsrätegesetz.** Von Prof. Dr. **A. Günther.** — **1920.** 15,— M

Nr. **139. Grunderwerbsteuergesetz.** Von Geh. Ober-Justizrat **Otto Lindemann.** — **1919.** * 6,— M

Nr. **140. Die Siedelungsgesetzgebung im Reich und in Preußen.** Von Geh. Ob.-Justizrat **W. Holzapfel.** — **1920.** 22,— M

ein Teuerungszuschlag des Verlages von 200 %

Guttentagsche Sammlung Deutscher Reichsgesetze.

Nr. 141. **Sozialisierungsgesetze.** Von Rechtsanwalt Dr **Otto Meier.** — **1920.** 15,— *M*

Nr. 142. **Wirtschaftliche Demobilmachung.** Von Geh. Reg.-Rat Dr. **Gg. Fischbach.** — **1920.** 8,— *M*

Nr. 143. **Reichsabgabenordnung** mit Einleitung. Von Rechtsanwalt Dr. **Friedmann.** — **1920.** 16,— *M*

Nr. 144. **Versicherungsgesetz für Angestellte.** Von Senatspräsident Dr **Lippmann.** — **1920.** Mit Nachtrag, enthaltend Ergänzungen bis 23 Juli 1921 24,— *M*

Nachtrag einzeln. 2,— *M*

Nr. 145. Gesetzgebung über **Steuer- und Kapitalflucht.** Von Rechtsanwalt Dr **E. H. Meyer.** 2 Aufl — **1921.** 12,— *M*

Nr 146. **Tabaksteuergesetz.** Von Rechtsanwalt Dr. **Wündisch.** — **1920.** 27,— *M*

Nr. 147. Gesetz über **Filmzensur.** Von Regierungsrat **Szczesny.** — **1920.** 14,— *M*

Nr. 148. **Reichsausgleichsgesetz.** Von Rechtsanwalt Dr. **Decke.** — **1920.** 14,— *M*

Nr. 149. **Reichsnotopfergesetz.** Von Rechtsanwalt Dr. **Friedmann** und Dr. **Richard Wrzeszinsky.** — **1921.** 36,— *M*

Nr. 150 **Reichsschädengesetze.** Von Rechtsanwalt Dr. **Adolf Hohenstein** und Rechtsanwalt und Notar Dr **Wenzel Goldbaum** — **1921** 50 — *M*

Guttentagsche Sammlung
Preußischer Gesetze.
Text-Ausgaben mit Anmerkungen. Taschenformat.

Nr. 1. **Die Verfassung des Freistaats Preußen.** Mit Einleitung, vollständigem Kommentar, Landeswahlgesetz und Sachregister. Von Prof. Dr. **A. Arndt.** — **1921.** 13,— ℳ
(Ausführlicher Kommentar von Prof. Stier-Somlo. — **1921.** 35,— ℳ)

Nr. 2. Preußische **Beamten-Gesetzgebung.** Enth. die wichtigsten Beamtengesetze in Preußen. Von **K. Pfafferoth. 5. Aufl.** — **1916.** * 3,90 ℳ

Nr. 3. **Aufnahme** von **Nottestamenten** durch die bestellten Urkundspersonen. Anweisung mit Musterbeispielen. Von Amtsgerichtsrat **E. Kurtz.** — **1904.** * 2,35 ℳ

Nr. 4. **Gebührenordnung** für **Notare** vom 25. Juli 1910. **5. Aufl.** von Justizrat **Rausnitz.** — **1917.** * 5,— ℳ

Nr. 5. Gesetz vom **24. April 1854 [betr. die außereheliche Schwängerung].** Von Dr. **Schulze.** — **1873.** * 1,— ℳ
Reichs-Recht siehe Reichsgesetze Nr. **58.**

Nr. 6. Die Preuß. **Ausführungsgesetze und Verordnungen zu den Reichs-Justizgesetzen.** Von **R. Sydow.** Vergriffen.

Nr. 7. Allg. **Gerichtsordnung** und Preuß. **Konkursordnung.** Von **F. Vierhaus.** Vergriffen.

Nr. 8. **Vormundschaftsordnung.** Von **F. Schultzenstein.**
Reichs-Recht siehe Reichsgesetze Nr. **47.**

Nr. 9. Die Preußische **Grundbuchgesetzgebung.** Von Prof. Dr. **Fischer.** Vergriffen; siehe Reichsgesetze Nr. **42.**

Nr. 10. **Einkommensteuergesetz.** Von Wirkl. Geh. Ob.Finanzrat **A. Fernow. 8. Aufl.** — **1913.** Vergriffen.
Siehe auch S. 22.

Nr. 11. **Gewerbesteuergesetz.** Von Wirkl. Geh. Ob.Fin.Rat **A. Fernow. 6., vermehrte Aufl.** — **1915.** Vergriffen.

ein Teuerungszuschlag des Verlages von 200 %.

Guttentagsche Sammlung Preußischer Gesetze.

Nr. **12.** **Allgemeines Berggesetz.** Mit seinen Novellen und Nebengesetzen. **3. Aufl.**, bearbeitet von den Oberbergräten **Schlüter** und **Hense.** — **1913.** * 10,40 *M*

Nr. **13.** **Ergänzungssteuergesetz** (Vermögenssteuergesetz). Von Wirkl. Geh. Ob.Fin.Rat **A. Fernow. 5. Aufl.** Mit Nachtrag, enth. Ges. betr. Erhöhung der Zuschläge vom 8. Juli 1916. — **1914.** * 5,85 *M*

Nr. **14.** **Kommunalabgabengesetz** vom 14. Juli 1893 und Ges. wegen Aufhebung direkter Staatssteuern. Von Oberbürgermeister Dr. **F. Adickes. 6. Aufl.** bearbeitet von Bürgermeister Dr **Falk** In Bearbeitung.

Nr. **15.** Die **Kreisordnungen** für den Preußischen Staat. Von Land-G.Rat **O. Kolisch.** — **1894.** * 5,50 *M*

Nr. **16.** **Konzessionierung gewerblicher Anlagen.** Von Geh. Reg.Rat Dr. **W. v. Rüdiger. 2. Aufl.** — **1901.** Vergriffen.

Nr. **17.** Preußisches **Gerichtskostengesetz.** Vom 25. Juli 1910. Mit Kostentabellen. Von Kammer-G.Rat Dr. **P. Siméon. 7. Aufl.** — **1913.** Mit Nachtrag: Abänderungen der Jahre 1919 und 1920. 20,— *M*

Nr. **18.** Preußisches **Stempelsteuergesetz** vom 30. Juni 1909 Mit sämtlichen Ausführungsbestimmungen. Von **P. Loeck. 8. Aufl.** von Reg.Rat **W. Seyffarth.** — **1914.** * 11,70 *M*

Neue Auflage in Vorbereitung.

Nr. **19.** Das **Jagdscheingesetz.** Von Wirkl. Geh. Ob.Reg.Rat **F. Kunze. 2. Aufl.** — **1899.** * 2,90 *M*

Nr. **20.** Die **preußischen Erbschaftssteuergesetze.** Von Rechnungsrat **U. Hoffmann.** — **1905.** * 5,20 *M*
(**Reichs**-Erbschaftssteuergesetz siehe Reichsgesetze Nr. **77** und Seite 22.)

Nr. **21.** Gesetz über die **Handelskammern.** Von Min.Dir. **F. Lusensky. 2. Aufl.** — **1909.** 15,— *M*

Nr. **22.** Gesetz, betr. **Anstellung und Versorgung der Kommunalbeamten.** Von Dr. **W. Ledermann. 2. Aufl.**, bearbeitet von Dr. **L. Brühl.** — **1914.** * 3,10 *M*

Guttentagsche Sammlung Preußischer Gesetze.

Nr. **23.** **Ausführungsgesetz zum Bürgerlichen Gesetzbuche.** Von Kammer-G.Rat Dr. **P. Siméon. 3. Aufl. — 1914.** 12,— *M*

Nr. **24.** Die **Hinterlegungsordnung. (1879.)** Von Reg.Rat Dr. **G. Bartels. 2. Aufl. — 1908.** * 2,60 *M*
— —, Abänderungsgesetz vom 21. April 1913 siehe Nr. **53.**

Nr. **25.** **Preußische Kommunalbeamtengesetzgebung.** Von Mag.Assessor Dr. **F. Kremski,** Berlin. — **1901.** * 4,40 *M*

Nr. **26.** Gesetze über das **Diensteinkommen der Lehrer und Lehrerinnen, Ruhegehalt und Hinterbliebenenfürsorge.** Tabelle zur Berechnung der Ruhegehalts-, Witwen- und Waisenbezüge. Von Bürgermeister Dr. **E. Cremer. — 1900.** * 3,40 *M*

Nr. **27.** Gesetz, betr. die **Warenhaussteuer.** Von Geh. Ober-Fin.Rat Dr. **G. Strutz. — 1900.** * 1,95 *M*

Nr. **28.** Die **Fürsorgeerziehung Minderjähriger.** Von Geh. Justizrat Dr. **P. F. Aschrott.** Mit Ausführungsbestimmungen und allen wichtigeren Ministerialerlassen. **3. Aufl. — 1917.** 18,— *M*

Nr. **29.** Gesetz, betr. **die ärztlichen Ehrengerichte, das Umlagerecht und die Kassen der Aerztekammern.** Von Amtsgerichtsrat Dr. **F. Fidler. — 1901.** * 2,35 *M*

Nr. **30.** Das **Preußische Staatsschuldbuch** und **Reichsschuldbuch.** Von Wirkl. Geh. Ob.Fin.Rat **J. Mücke. — 1902.** * 2,60 *M*

Nr. **31.** **Die geltenden Preußischen Gesindeordnungen. Zwei Bände.** Von Rechtsanwalt **St. Gerhard.**

31 a. Gesindeordnung für die altpreußischen Provinzen vom 8. Nov. 1810, unter Berücksichtigung der Ergänzungsgesetze, der Rechtsverhältnisse der Stellenvermittler und Reichsversicherungsordnung, sowie die Gesindeordnungen für Neuvorpommern und Rügen und für die **Rheinprovinz. 2. Aufl. — 1914.** * 4,40 *M*

31 b. Gesindeordnungen für Hannover, Schleswig-Holstein, Hessen-Nassau und den Regierungsbezirk Hohenzollern. — **1902.** * 3,65 *M*

ein Teuerungszuschlag des Verlages von 200 %.

Guttentagsche Sammlung Preußischer Gesetze.

Nr. 32. **Die Städteordnung für die sechs östlichen Provinzen Preußens.** Von Dr. **W. Ledermann** u. Dr. **L. Brühl. 2. Aufl. — 1913.** 32,— M

Nr. 33. **Rentenguts- und Anerbenrechts-Gesetzgebung in Preußen.** Von Land-G.Rat **M. Peltasohn** und Rechtsanwalt **B. Peltasohn. — 1903.** * 4,40 M

Nr. 34. Sammlung der wichtigsten **preußischen Strafgesetze** nebst Ges., betr. polizeil. Strafverfügungen, vom 23. April 1883. Von Geh. Ob.J.Rat **Lindemann. 2. Aufl. — 1912.** 13,— M

Nr. 35. **Geschäftsordnung für Gerichtsvollzieher.** Von **E. Exner. — 1904.** * 4,55 M

Nr. 36. **Polizeiverordnungen in Preußen.** Von Geh. Ober-Justizrat **O. Lindemann. — 2. Aufl. 1912.** 12,— M

Nr. 37. Gesetz, betr. **Enteignung von Grundeigentum,** vom 11. Juni 1874. Von Ob.L.G.Rat **O. Meyer. 2. Aufl. — 1911.** * 3,25 M

Nr. 38. **Kreis- und Provinzial-Abgabengesetz** vom 23. April 1906. Von Gemeindevorsteher **F. Schmidt. — 1906.** * 1,95 M

Nr. 39. Gesetz, betr. die **Unterhaltung der öffentlichen Volksschulen.** Von Reg.Rat Dr. **A. Marcks. — 1906.** * 2,90 M

Nr. 40. **Verwaltungsstrafverfahren** bei Zuwiderhandlungen gegen die Zollgesetze und indirekte Reichs- und Landesabgaben. Von Dr. **R. Katzenstein. — 1907.** 15,— M

Nr. 41. Die **preußischen Jagdpolizeigesetze.** Von Wirkl. Geh. Ob.Reg.Rat **F. Kunze** und Rechtsanwalt **R. Kühnemann. 2. Aufl. — 1907.** * 5,20 M

Nr. 42. Die Gesetzgebung über die **Allgemeine Landesverwaltung** und **Zuständigkeit der Verwaltungs- und Verwaltungsgerichtsbehörden.** Von Dr. **K. Friedrichs. 2. Aufl. — 1921.** 25,— M

Nr. 43. Gesetz, betr. die **Zulassung einer Verschuldungsgrenze** für land- und forstwirtschaftlich benutzte **Grundstücke.** Von Syndikus Dr. **R. Leweck. — 1908.** * 3,40 M

Zu den mit * versehenen Preisen tritt noch

Guttentagsche Sammlung Preußischer Gesetze.

Nr. **44.** **Quellenschutzgesetz** nebst den Ausführungsbestimmungen. Von Geh. Bergrat **E. Voelkel.** — **1909.** * 1,60 *M*

Nr. **45.** **Rechtsverhältnisse der Juden in Preußen.** Von Rechtsanwalt Dr. **M. Kollenscher.** — **1910.** * 3,40 *M*

Nr. **46.** Gesetz, betr. **Austritt aus der Landeskirche,** vom 14. Mai 1873. Von Ger.Assessor **H. Caro.** — **1911.** * 3,40 *M*

Nr. **47.** Gesetz, betr. die **Feuerbestattung.** Von Amtsgerichtsrat Dr. **W. Lohmann.** — **1912.** * 2,10 *M*

Nr. **48.** **Zweckverbandsgesetz für Groß-Berlin** vom 19. Juli 1911 nebst Abdruck des allgemeinen Zweckverbandsgesetzes. Von den Magistratsräten Dr. **L. Brühl,** Dr. **K. Gordan** und Stadtrat Dr. **W. Ledermann.** — **1912.** * 5,85 *M*

Nr. **49.** **Gesetze gegen die Verunstaltung landschaftlich hervorragender Gegenden** mit Ausführungsanweisungen. Von Regierungsrat **O. Goldschmidt.** — **1912.** * 3,40 *M*

Nr. **50.** **Gesetz, betr. die Anlegung und Veränderung von Straßen und Plätzen in Städten und ländlichen Ortschaften.** Von Oberlandgerichtsrat **O. Meyer.** — **1913.** 15,— *M*

Nr. **51.** **Das preußische Disziplinargesetz für die nichtrichterlichen Beamten** und die Privatdozenten. Von Regierungsrat Dr. **E. v. Dulzig.** — **1914.** 20,— *M*

Nr. **52.** **Preußisches Wassergesetz** vom 7. April 1913. Von den Rechtsanwälten **G. Wulff** und **F. Herold.** — **1913.** 25,— *M*

Nr. **53.** **Hinterlegungsordnung** vom 21. April 1913. Von Landrichter **Hagemann.** — **1914.** 10,— *M*

Nr. **54.** Gesetz, betr. **Anlegung von Sparkassenbeständen in Inhaberpapieren** nebst Ausführungsverordnung vom 8. Mai 1913. Von Rechtsanwalt **H. Döhring.** — **1914.** * 2,90 *M*

ein Teuerungszuschlag des Verlages von 200 %.

Guttentagsche Sammlung Preußischer Gesetze.

Nr. 55. **Preußisches Wohnungsgesetz** und **Bürgschaftssicherungsgesetz.** Von Hochschulprofessor Dr. jur. **B. Schmittmann.** — **1918.** 15,— *M*

Nr. 56. **Das preußische Tumultschadengesetz.** Von Justizrat Dr. **Bruno Friedländer.** — **1919.** * 1,20 *M*

Nr. 57. Gesetz über **Landeskulturbehörden.** Von Geh. Ober-Justizrat **W. Holzapfel.** — **1920.** 11,— *M*

Nr. 58. **Arbeitsnachweis.** Von Magistratsrat **P. Wölbling.** — **1920** 7,— *M*

Nr. 59. **Bildung der neuen Stadtgemeinde Berlin.** Von Magistratsrat **P. Wölbling. 2. Aufl. — 1920.** 15,— *M*

Nr. **60. Umlegungsordnung.** Von Geh Ober-Justizrat **W. Holzapfel · 1921** 15,— *M*

Sonderverzeichnisse über hervorragende Erscheinungen aus den Gebieten des Verwaltungs- und Handelsrechts sowie der genossenschaftlichen Literatur durch jede Buchhandlung und direkt vom Verlage.

Guttentagsche Sammlung
von
Textausgaben ohne Anmerkungen mit Sachregister.

Betriebsrätegesetz. 5,— M
Bürgerliches Gesetzbuch nebst **Einführungsgesetz. 14. Aufl.** 80,— M
Erbschaftssteuergesetz mit Ausführungsanweisung. **2. Aufl.** 6,— M
Freiwillige Gerichtsbarkeit. — 1920. 18,— M
Handelsgesetzbuch nebst **Einführungsgesetz** und **Seerecht. 10. Aufl. — 1921.** 24,— M
Konkursordnung mit **Einführungsges. 2. Aufl. — 1915.** 6,— M
Kriegsgewinnsteuer. — 1916. * —,80 M
Die Kriegssteuergesetze. 2. Aufl. — 1917. * 2,— M
Militärstrafgerichtsordnung m **Einführungsges. — 1901.** * 1,95 M
Militär-Strafgesetzbuch. 2. Aufl. — 1916. * 1,55 M
Reichseinkommensteuer — Körperschaftssteuer — Kapitalertragssteuer — Landessteuer. 10,— M
Einkommensteuergesetz in der Fassung der Novelle v. 24. März 1921 mit den **Ausführungsbestimmungen,** ergänzt durch die Verordnungen bis Ende 1921. — **1921.** 18,— M
Reichsfinanzgesetze von 1909. — **1909.** * 2,60 M
Reichsnotopfergesetz. * 1,50 M
Reichsversicherungsordnung (Kranken-, Unfall-, Invaliden- und Hinterbliebenenversicherung). **20. bis 30. Tausend.** * 6,— M
Strafgesetzbuch. — 1921. 10,— M
Strafprozeßordnung. 3. Aufl. — 1920. 18,— M
Umsatzsteuergesetz. — 1920. 5,— M
Verkehrs- u. Kohlensteuer u. Kriegssteuerzuschlag. 1917. * 2,— M
Verfassung des Deutschen Reiches v. 11. 8. 1919. **2. Aufl.** 9,— M
Verfassung des Freistaates Preußen. 5,40 M
Versicherungsgesetz für Angestellte. — 1911. S. **N.** 144. Vergriffen.
Wechselordnung. — 1908. 8,— M
Wehrbeitrag und **Besitzsteuer. — 1913.** * 1,30 M
Zivilprozeßordnung mit **Gerichtsverfassungsgesetz** und **Einführungsgesetzen. 1921.** 24,— M
Zuwachssteuergesetz. — 1911. * 1,05 M
— — Ausführungsbestimmungen. — 1911. * —,80 M
Preuß. Ausf.-Anweis. zur **Gewerbeordnung. — 1904.** * 2,90 M

ein Teuerungszuschlag des Verlages von 200 %

Kommentare — Nachschlagebücher.

Die Gerichtspraxis.

In Verbindung mit

Amtsrichter **E. Armstroff**, Berlin-Lichterfelde, Staatsanwalt Dr. **E. Falck**, Berlin, Kammergerichtsrat **M. Gfrörer**, Berlin, Amtsrichter **W. Häuseler**, Berlin-Weißensee, Amtsgerichtsrat **G. Krause**, Berlin-Tempelhof, Amtsgerichtsrat **L. Levy**, Charlottenburg, Landrichter Dr. **M. Nadler**, Berlin, Amtsgerichtsrat **H. Riekenstahl**, Berlin

herausgegeben von

Kammergerichtsrat **Dr. Ernst Pape.**

1914. Gr.-8°. 1326 Seiten. Geb. in Leinen. Preis 18,50 *M*.
(Verlagsteuerungszuschlag 300 %.)

Inhaltsverzeichnis:

Zivilprozeß — Die Zwangsvollstreckung — Konkursrecht — Strafprozeß — Gefängniswesen — Freiwillige Gerichtsbarkeit — Vormundschaftswesen — Nachlaßwesen — Grundbuch- und Katasterwesen — Registerwesen — Justizverwaltung — Sachregister.

Besprechungen aus der Presse:

Der schlichte Titel läßt den reichen Inhalt des umfangreichen Bandes nicht erkennen, der eine zusammenfassende Darstellung des gesamten Gerichtsverfahrens bietet. . . .

„Literarisches Zentralblatt für Deutschland."

Schon jetzt wird man sagen dürfen, daß das Werk vor allen anderen bestimmt ist, dem jungen Praktiker ein treuer Berater und Führer zu sein. Die leichtverständliche Schilderung und die übersichtliche Anordnung werden auch die Gerichtsschreibereibeamten sowie strebsame Bürobeamte anziehen. . . .

„Zeitschrift für Rechtspflege in Bayern."

Die einzelnen Abschnitte sind von erfahrenen Fachmännern bearbeitet worden, die die ihnen gestellte Aufgabe in vortrefflicher Weise gelöst haben. . . . . . Auch der gereifte Praktiker wird Anregung und Belehrung aus dem Werke schöpfen.

„Leipziger Zeitschrift für Deutsches Recht"
(Staatsanwaltschaftsrat Kaempffer-Berlin).

Größere Kommentarwerke in neuen Bearbeitungen.

Das Bürgerliche Gesetzbuch mit besonderer Berücksichtigung der Rechtsprechung des Reichsgerichts, erläutert von den Reichsgerichtsräten **Busch, Schaffeld,** Dr. **Ebbecke, Erler, Kiehl,** Dr. **Lobe, Mansfeld, Michaelis, Oegg, Schliewen, Seyffarth.** Drei Bände. **4. Auflage. 1922.** Lexikon-Oktav. Preis geb. 600,— M

Staubs Kommentar zum Handelsgesetzbuch. Von **Heinrich Koenige,** Senatspräsident am Reichsgericht in Leipzig, **Albert Pinner,** Justizrat in Berlin, und Dr. **Felix Bondi,** Geh. Justizrat in Dresden. **11. Auflage. 1921.** Lexikon-Oktav. Zwei Bände in vier Halbbänden mit Register. Preis 450,— M, geb. 660,— M.

Staubs Kommentar zur Wechselordnung, fortgesetzt von Dr. **J. Stranz** und Dr. **M. Stranz. 9. Auflage** bearbeitet von Justizrat Dr. **W. Stranz, Rechtsanwalt am Kammergericht,** und **Martin Stranz,** Rechtsanwalt **an den Landgerichten** Berlin. **1920.** Groß-Oktav. Preis 108,— M, geb. 133,— M.

Das deutsche Seerecht nebst Erläuterungen zu den seerechtlichen Nebengesetzen. Von Reichsgerichtsrat Dr. **Georg Schaps** †. **2., vollständig umgearbeitete Auflage.** Nach dem Tode des Verfassers fertiggestellt und herausgegeben von Dr. **Max Mittelstein,** Senatspräsident am Hanseatischen Oberlandesgericht, Vorsitzender des Prisengerichts Hamburg, und Dr. **Julius Sebba,** Rechtsanwalt am Oberlandesgericht Königsberg. Erster Band. (Handelsgesetzbuch: Viertes Buch.) **1920.** Groß-Oktav. Preis geh. 320,— M, geb. 370 M.

Die Konkursordnung mit Einführungsgesetz, Nebengesetzen und Ergänzungen. Kommentar von Geh. Justizrat Dr. **Th. Wolff,** Kammergerichtsrat. **2., wesentlich vermehrte und verbesserte Auflage. 1921.** Gr.-Oktav. Preis 127,50 M, geb. 152,50 M.

Das Reichs-Strafgesetzbuch mit besonderer Berücksichtigung der Rechtsprechung des Reichsgerichts, erläutert von Dr. **Ludwig Ebermayer,** Oberreichsanwalt am Reichsgericht, **Julius Eichelbaum,** Reichsgerichtsrat, Dr. **Adolf Lobe,** Senatspräsident, und **Werner Rosenberg,** Reichsgerichtsrat. **2. Aufl.** Lexikon-Oktav. Im Druck.

Schlagwort-Register

R. = Nummer der Sammlung Deutscher Reichsgesetze.
P. = Nummer der Sammlung Preußischer Gesetze.
S. = Seite.

Schlagwort-Register. (R. = Reichsgesetz, P. = preuß. Gesetz.)

Schlagwort-Register. (R. = Reichsgesetz, P. = preuß. Gesetz.)

Schlagwort-Register. (R. = Reichsgesetz, P. = preuß. Gesetz.)

Schlagwort-Register. (R. = Reichsgesetz, P. = preuß. Gesetz.)

Schlagwort-Register. (R. = Reichsgesetz, P. = preuß. Gesetz.)

W.

Z.

Grundrisse der Rechtswissenschaft.

Unter Mitarbeit namhafter Gelehrter herausgegeben von den Professoren Dr. Hans Fehr-Heidelberg, Dr. H. Gerland-Jena, Dr. Hedemann-Jena, Dr Lehmann-Köln und dem redaktionellen Leiter Prof. Dr Fritz Stier-Somlo-Köln.

Die Grundrisse wollen in das Gebiet der Jurisprudenz einführen, die Liebe zum Recht und seiner Wissenschaft wecken und fördern, immer tieferes Eindringen ermöglichen, dem Unterricht und dem Rechtsleben dienen. Jeder Grundriß bietet die geschlossene Darstellung eines Rechtsstoffes und ist ein selbständiges kleines Lehrbuch.

Bis jetzt sind erschienen

Band I. Allgemeiner Teil des Bürgerlichen Gesetzbuches von Prof Dr. Heinrich Lehmann. 1919. 8°.
M 8.50, gebunden *M* 12 — + 300 % Verlags-Teuerungszuschlag.

Band II. Schuldrecht des Bürgerlichen Gesetzbuches von Prof. Dr Justus Wilhelm Hedemann. 1920 8° *M* 34.—, gebunden *M* 49.—

Band VI. Handelsrecht und Schiffahrtsrecht von Prof. Dr Julius v. Gierke. 1921 8°. *M* 40.—, gebunden *M* 55.—.

Band VIII. Gewerblicher Rechtsschutz, umfassend Urheber- und Verlagsrecht, Patent- und Musterschutzrecht, Warenzeichenrecht und Wettbewerbsrecht von Dr jur Alexander Elster, Berlin. 1921. 8°.
M 40.—, gebunden *M* 55.—.

Band IX. Einführung in die Rechtswissenschaft von Prof. Dr Justus Wilhelm Hedemann. 1919. 8°.
M 11.—, gebunden *M* 14.50 + 300 % Verlags-Teuerungszuschlag.

Band X. Deutsche Rechtsgeschichte von Prof. Dr. Hans Fehr. 1921. 8° *M* 38.—, gebunden *M* 53,—

Band XIII. Grundzüge des deutschen Privatrechts von Prof. Dr Freiherr von Schwerin. 1919. 8°.
M 16.50, gebunden *M* 21.75 + 300 % Verlags-Teuerungszuschlag.

In Vorbereitung befinden sich:

Band III. Sachenrecht von Prof Dr. Hedemann in Jena.
Band IV. Familienrecht von Prof Dr. Hedemann in Jena.
Band V. Erbrecht von Prof Dr Endemann in Heidelberg.
Band VII. Recht der Wertpapiere von Prof. Dr Frhr. v. Schwerin.
Band XI. Grundzüge der römischen Rechtsgeschichte.
Band XII. Grundzüge des römischen Privatrechts von Prof. Dr Fritz Schulz in Göttingen.
Band XIV. Zivilprozeßrecht von Prof. Dr. Lehmann in Köln a. Rh.
Band XV. Konkurs- und Anfechtungsrecht von Prof. Dr Lehmann in Köln a Rh.
Band XVI. Strafrecht von Prof. Dr H. Gerland in Jena (Im Druck.)
Band XVII. Strafprozeß von Prof. Dr v. Beling in München.
Band XVIII u. XIX. Reichsstaatsrecht und Einzelstaatsrecht von Prof Dr. Stier-Somlo.
Band XX u. XXI. Verwaltungsrecht in zwei Teilen von Prof. Dr Stier-Somlo in Köln a. Rh.
Band XXII. Soziales Versicherungsrecht von Prof. Dr Stier-Somlo
Band XXIII. Soziales Arbeits- und Schutzrecht.
Band XXIV. Kirchenrecht.
Band XXV. Völkerrecht.
Band XXVI. Privates Versicherungsrecht von Prof. Dr. Jul. v. Gierke.

Ausführliche Prospekte kostenlos.

Vereinig. wissensch. Verleger, Walter de Gruyter & Co., Berlin W 10.

FSC
www.fsc.org
MIX
Papier | Fördert
gute Waldnutzung
FSC® C083411

Kolibri 360 GmbH
Ferdinand-Jühlke-Straße 7
99095 Erfurt, Deutschland
produktsicherheit@kolibri360.de